Raphael Moroz Teixeira

Assessoria de comunicação descomplicada
compreendendo e aplicando estratégias em organizações

intersaberes

intersaberes

Rua Clara Vendramin, 58 • Mossunguê • CEP 81200-170 •
Curitiba • PR • Brasil • Fone: (41) 2106-4170 •
www.intersaberes.com • editora@intersaberes.com

Conselho editorial
Dr. Alexandre Coutinho Pagliarini
Dr.ª Elena Godoy
Dr. Neri dos Santos
M.ª Maria Lúcia Prado Sabatella

Editora-chefe
Lindsay Azambuja

Gerente editorial
Ariadne Nunes Wenger

Assistente editorial
Daniela Viroli Pereira Pinto

Preparação de originais
Landmark Revisão de Textos

Edição de texto
Palavra do Editor
Tiago Krelling Marinaska

Capa
Luana Machado Amaro (design)
NDAB Creativity/Shutterstock (imagem)

Projeto gráfico
Charles L. da Silva
Luana Machado Amaro (adaptação de projeto)
MARII1/Shutterstock (imagens)

Diagramação
Laís Galvão

***Designer* responsável**
Iná Trigo

Iconografia
Regina Claudia Cruz Prestes
Sandra Lopis da Silveira

Dados Internacionais de Catalogação na Publicação (CIP)
(Câmara Brasileira do Livro, SP, Brasil)

Teixeira, Raphael Moroz
  Assessoria de comunicação descomplicada: compreendendo e aplicando estratégias em organizações / Raphael Moroz Teixeira. -- Curitiba, PR : Editora Intersaberes, 2023.

  Bibliografia.
  ISBN 978-85-227-0546-7

  1. Assessoria de comunicação 2. Comunicação nas organizações 3. Estratégia de comunicação 4. Gerenciamento de crise I. Título.

23-151855 CDD-302.2

Índices para catálogo sistemático:
1. Comunicação   302.2

Eliane de Freitas Leite – Bibliotecária – CRB 8/8415

1ª edição, 2023.

Foi feito o depósito legal.

Informamos que é de inteira responsabilidade do autor a emissão de conceitos.

Nenhuma parte desta publicação poderá ser reproduzida por qualquer meio ou forma sem a prévia autorização da Editora InterSaberes.

A violação dos direitos autorais é crime estabelecido na Lei n. 9.610/1998 e punido pelo art. 184 do Código Penal.

Sumário

11   Prefácio
15   Apresentação
19   Como aproveitar ao máximo este livro

Capítulo 01
25 Midiatização e sociedade
27   1.1 Fluxos informacionais: da unidirecionalidade à multidirecionalidade
30   1.2 Midiatização: características e implicações
36   1.3 A comunicação no contexto da midiatização: todos querem (e podem) participar
40   1.4 O papel da imprensa

Capítulo 02
48 O papel da assessoria de comunicação no contexto das organizações
49   2.1 A comunicação no contexto organizacional
55   2.2 Evolução histórica da assessoria de comunicação
64   2.3 Identidade *versus* imagem corporativa
68   2.4 Comunicação organizacional integrada

Capítulo 03
79 Estratégias de comunicação organizacional
- 81   3.1 Estratégias de comunicação mercadológica
- 90   3.2 Estratégias de comunicação institucional

Capítulo 04
105 Relacionamento com a mídia
- 107   4.1 A importância da assessoria de imprensa
- 112   4.2 Técnicas e instrumentos
- 122   4.3 Tipos de assessorias

Capítulo 05
140 Gerenciamento de crises de imagem
- 142   5.1 *Cases* Carrefour: crises envolvendo mortes
- 144   5.2 *Case* Karol Conká: crise monitorada em tempo real
- 147   5.3 Estratégias de gestão de crises

Capítulo 06
157 Planejamento de comunicação integrada
- 159   6.1 Posicionamento estratégico
- 168   6.2 Análise dos ambientes interno e externo
- 172   6.3 Definição de objetivos
- 176   6.4 Estabelecimento de estratégias de comunicação
- 177   6.5 Avaliação de resultados

185 *Estudo de caso*
188 *Considerações finais*
191 *Referências*
197 *Respostas*
204 *Sobre o autor*

Dedico esta obra à minha filha, Maya, cuja existência me impulsiona a ser alguém melhor e concretizar os meus objetivos.

A escrita de um livro é um intenso processo de construção e transmissão de conhecimentos. Durante esse árduo trabalho, desafio-me a todo momento – seja para buscar as informações mais pertinentes e atualizadas, seja para escolher as melhores palavras com o intuito de ser compreendido. Um livro é um filho que damos à luz e educamos para ter vida própria e ganhar o mundo. A jornada deste filho começa agora.

Agradeço imensamente a Deus por me proporcionar as condições físicas e mentais para gerar este filho tão importante para mim. O desenvolvimento da presente obra também não seria possível sem o auxílio de pessoas especiais. Diante disso, sou grato aos meus pais, Nely Raquel e Paulo Emílio – que, com seu amor e incentivo, me criaram para ser alguém que conhece as próprias potencialidades e as utiliza para vivenciar o propósito de facilitar o aprendizado e o desenvolvimento humano.

Concedo um enfático "muito obrigado" a Jamille Carolina e à minha filha, Maya. Com paciência e respeito (e uma dose de tristeza, também), elas compreenderam as minhas ausências em passeios e em outros momentos em família durante os diversos fins de semana em que precisei me dedicar à pesquisa e à escrita deste livro. Sei que não foi fácil, mas este filho precisou amadurecer para seguir sua jornada.

Eu não teria a oportunidade de me aprimorar como autor e de transmitir os conhecimentos aqui presentes sem a confiança do professor Dr. Achiles Junior – que me convidou para escrever esta obra. O Achiles é, sem dúvida, uma das pessoas mais generosas que conheço. O incentivo dele fez toda a diferença para que eu desse o meu melhor na construção deste livro – do qual, aliás, ele é padrinho. Gratidão por tudo, mestre!

Agradeço aos meus colegas professores do SuperMarketing – marca que agrega os cursos superiores de Tecnologia em Marketing, Marketing Digital e Gestão de Mídias Sociais do Centro Universitário Internacional Uninter –, Aline Cristina Pires, Diogo Debiasi e Maria Carolina Avis, pelas trocas profissionais, pelo companheirismo e pelos aprendizados diários. Sinto orgulho de fazer parte dessa super equipe!

Ofereço o meu agradecimento à amiga e colega jornalista Ana Paula Pinto de Carvalho por ter sido uma das responsáveis por me apresentar ao apaixonante universo da comunicação organizacional e por ter tecido palavras tão belas sobre esta obra no prefácio. Agradeço, também, aos colegas jornalistas Adriane Werner, Ledinara Batista e Tomás Barreiros por terem contribuído com o livro por meio de relatos sobre suas atuações como assessores de comunicação. Cada depoimento agregou valor imenso a esta obra.

Por fim, sou grato à Editora InterSaberes – representada pela editora-chefe Lindsay Azambuja Sperry – pela viabilização da realização do presente material e pela organização exemplar na condução de todos os processos editoriais.

*Saber fazer e saber mostrar é saber duas vezes.
O que não se vê é como se não existisse.*

Baltasar Gracián

Prefácio

O mundo contemporâneo exige adaptação, flexibilidade e, especialmente, atitude de *keep learning*, ou seja, um comportamento ativo de nunca parar no tempo e estar disposto a aprimorar-se constantemente. É esse desafio que nós, profissionais de diversas áreas (não só da comunicação), precisamos abraçar. Temos de olhar para esse mundo em que se misturam diversos públicos com os olhos infantis de quem se depara pela primeira vez com a chuva caindo do céu. Sim, precisamos de um novo olhar que nos instigue a buscar caminhos diversos daqueles convencionais para imprimir nossa própria marca. Aliás, é bom que se diga já de início que não existem mais fórmulas. E, se você inicia a leitura do presente livro buscando uma receita de bolo, sinto dizer que este não é o melhor lugar para isso. Comunicação demanda trabalho árduo e personalizado, cuja riqueza reside justamente em seu toque pessoal e profissional, em sua marca e em seu legado.

Por isso, mais do que nunca, a obra *Assessoria de comunicação descomplicada: compreendendo e aplicando estratégias em organizações*, de Raphael Moroz, é essencial, porque vai muito além das bases teóricas (e necessárias) e entrega conteúdo atualizado em conformidade com os conhecimentos mais modernos. Exemplo disso é que, para atuar com assessoria de comunicação, não basta ter formação acadêmica – é preciso isso e muito mais. Para ocupar espaço no mercado de trabalho, os consultores de comunicação precisam entender todo o contexto em que estão inseridos e, principalmente, a trajetória pela qual a sociedade como um todo evoluiu e continua evoluindo.

Nesse sentido, a comunicação perpassa por todos os tecidos sociais e integra as mudanças de comportamento que se verificam em todos os campos das relações humanas. Ao olharmos para esse cenário, percebemos que a sociedade passou de um padrão comunicacional centralizado, com controle da mídia, para um não lugar – conceito criado pelo antropólogo Marc Augé e que se refere a um lugar de ausência de identidade, em que os seres humanos ficam anônimos. É aí que transitam diversos personagens que se fazem presentes pelas mídias e com os quais nós, como comunicadores, temos contato diuturnamente.

Vivenciamos o período em que não existe apenas "a" mídia convencional – aquela formada somente pelos veículos de comunicação de massa. Estamos envoltos em diversos tipos de influência, que também são considerados mídias. É importante ressaltar que cada indivíduo se transformou numa mídia. Prova disso é que basta uma contestação contundente e fundamentada de um influenciador digital para minimizar a figura do jornalista *gatekeeper* – o "guardião" intocável da grande mídia.

Assim, este livro traça todas as nuances pelas quais a sociedade vem sendo reconfigurada, cuja dinâmica proporcionada pela globalização permite que haja um emissor cada vez mais descentralizado e nem sempre possível de ser identificado. Isso, por si só, já traz um vasto campo de trabalho aos profissionais da área. É com esse cenário, constituído por diversas vozes muitas vezes anônimas,

mas alarmantes, que o profissional da comunicação necessita lidar na atualidade. O assessor de comunicação, que exerce um papel amplo nas organizações, precisa transitar num ambiente formado por diversos *stakeholders*, todos eles com suas áreas de influência e com suas próprias mídias.

A obra de Raphael Moroz abarca diversas estratégias para serem executadas em diferentes campos, tão divergentes que demandam planos de ação individualizados. Para cada público e para cada necessidade, deve haver um plano personalizado e que não siga uma receita de bolo, mas seja permeado por trabalho árduo, ágil e inteligente do assessor de comunicação.

Para a sociedade dos dias atuais, não basta mais que organizações existam e gerem empregos e lucro aos acionistas. Elas precisam comungar valores como transparência e respeito ao meio ambiente e ao consumidor e ter pluralidade em seu quadro de lideranças e colaboradores, bem como coerência entre o discurso e a prática. É chegado o tempo da agenda Governança Ambiental, Social e Corporativa – em inglês, *Environmental, Social and Corporate Governance* (ESG) –, que também abre um leque de oportunidades ao assessor de comunicação. Desse movimento decorrem mudanças observadas no desempenho dos assessores de comunicação, cada vez mais essenciais para que as empresas possam dialogar com seus públicos prioritários sem máscaras ou discursos de fachada, pois isso não se sustenta mais, e é no entendimento dessas alterações profundas que a presença dos profissionais de comunicação é fundamental e estratégica.

O livro traz toda essa gama de possibilidades num mundo que não para de evoluir e em que novas mídias e formas de comunicação encontram-se em gestação. Esse fascínio pelas mudanças deve motivar os profissionais de comunicação de hoje e de amanhã a cultivar uma atitude de atualização constante e, principalmente, um olhar atento às tendências que, no nascer do sol, podem se tornar realidade. Foi assim que Steve Jobs rompeu com diversos paradigmas empresariais – e, por que não dizer, comunicacionais. Afinal, no lugar das máquinas de fotografia, agora tiramos fotos diretamente de *smartphones* e não mais imprimimos nossos registros, mas os publicamos em nossas redes sociais de maneira instantânea.

O que mais é possível? Essa é a pergunta que deve nortear os profissionais de comunicação para que também inaugurem cenários, linguagens, mídias, conteúdos, discursos e estratégias. A obra de Raphael Moroz nos lembra que, como comunicadores, fomos criados como excepcionais "fazedores", mas, agora, surge a necessidade de nos tornarmos destacados estrategistas – aqueles "pensadores" que ditam o que e como fazer. O mercado nos possibilita isso. Agora, cabe a nós partir para esse mar que se vislumbra à nossa frente, repleto de marés altas e baixas e tempestades, mas com um sol que ilumina a todos. Que esse seja o espírito durante a leitura deste magnífico compêndio de estratégias.

Boa leitura.

Ana Paula Pinto de Carvalho
Jornalista e mestre em Comunicação

Apresentação

Organizações são organismos vivos. Guiadas por objetivos, permeadas por pessoas e viabilizadas por processos produtivos, elas evoluem, geram valor e se configuram e reconfiguram ao longo do tempo. Nesse contexto, cabe à comunicação a função de nutrir os órgãos e de bombear o sangue que corre nas veias desses organismos. É a comunicação, portanto, a responsável por manter pulsantes as organizações dos mais variados portes e segmentos.

Neste momento histórico em que vivemos – nomeado por teóricos da comunicação como *midiatização* e marcado pelo uso frequente de tecnologias digitais –, a comunicação organizacional ganha força e importância, já que há, cada vez mais, uma integração entre o *on-line* e o *off-line*. A instantaneidade, a disponibilidade e a ausência de fronteiras físicas, aspectos que caracterizam a midiatização como processo social no qual comportamentos são modificados por meio do uso de mídias, contribuem para que surjam demandas comunicacionais diversas na relação entre as marcas e seus públicos de interesse.

É nesse contexto que a presente obra se insere. Considerando-se a comunicação organizacional como área da ciência e vertente do marketing, este livro tem como principal objetivo compreender, de maneira teórica e prática, a importância do uso de estratégias de comunicação por parte de organizações num mundo cada vez mais digital e complexo. Para isso, foram delineados seis capítulos que abordam a comunicação no contexto empresarial de forma integrada.

O primeiro capítulo revisitará aspectos da história da comunicação no mundo. Nesse sentido, a invenção da prensa móvel foi um importante marco, visto que facilitou o acesso a informações por meio da impressão de livros em grandes quantidades. O capítulo abordará as mudanças no fluxo de informações desde então, passando por temas como midiatização, horizontalização do consumo e convergência multimidiática. Examinaremos, também, o papel da imprensa num cenário em que todos podem produzir e divulgar conteúdos na internet.

No segundo capítulo, discutiremos o papel da comunicação no contexto das organizações. Para isso, veremos a evolução histórica da comunicação organizacional no Brasil e no mundo e as esferas que a compõem – identificadas como comunicação administrativa, comunicação mercadológica, comunicação institucional e comunicação interna. Além disso, esclareceremos conceitos fundamentais para a consolidação de marcas, tais como identidade, personalidade e imagem corporativa.

Cada estratégia de comunicação apresenta características e objetivos específicos. No terceiro capítulo, analisaremos, então, as estratégias mais empregadas por organizações em tempos de midiatização. Tendo isso em vista, dividiremos essas técnicas entre ações de comunicação mercadológica, que visam contribuir para a obtenção de retorno financeiro a curto prazo por parte das empresas, e ações de comunicação institucional, cujo objetivo é fortalecer a marca e contribuir para a construção de uma reputação positiva.

O quarto capítulo aprofundará a análise da assessoria de imprensa como atividade profissional que possibilita a construção da autoridade de organizações por meio da visibilidade em veículos de comunicação. Partindo dessa premissa, enfocaremos as técnicas e os instrumentos que costumam ser empregados por profissionais da área, bem como os processos produtivos relacionados. Por fim, diferenciaremos quatro vertentes da assessoria de imprensa com base em aspectos pragmáticos e em depoimentos de profissionais atuantes no mercado da comunicação.

Toda organização, independentemente do tamanho e do segmento de atuação, está sujeita a enfrentar crises de imagem. Esse é o tema do quinto capítulo da obra. Iniciaremos nosso diálogo examinando as situações capazes de provocar crises empresariais e, em seguida, analisaremos quatro *cases* de marcas que administraram, de maneiras diferentes, problemas graves de reputação. A última parte do capítulo será destinada ao delineamento de estratégias de comunicação que contribuem para a prevenção e o gerenciamento de crises de imagem.

No sexto e último capítulo, integraremos todos os conteúdos vistos ao longo do livro para mostrar como se desenvolve um planejamento de comunicação organizacional. Dessa forma, descreveremos as cinco etapas que compõem o documento em questão, apresentando, de maneira prática, as informações e as atividades relacionadas a elas. Após a leitura do capítulo, você estará, então, habilitado(a) a elaborar e executar um planejamento de comunicação capaz de gerar resultados efetivos.

É importante ressaltar que, ao longo dos seis capítulos, os preceitos e as teorias serão ilustrados com exemplos e *cases* reais do mercado de comunicação brasileiro. Além disso, você poderá fixar melhor os conteúdos por meio de atividades práticas localizadas ao final de cada capítulo.

Vamos iniciar esta jornada repleta de conhecimentos e aprendizados?

Como aproveitar ao máximo este livro

Empregamos nesta obra recursos que visam enriquecer seu aprendizado, facilitar a compreensão dos conteúdos e tornar a leitura mais dinâmica. Conheça a seguir cada uma dessas ferramentas e saiba como estão distribuídas no decorrer deste livro para bem aproveitá-las.

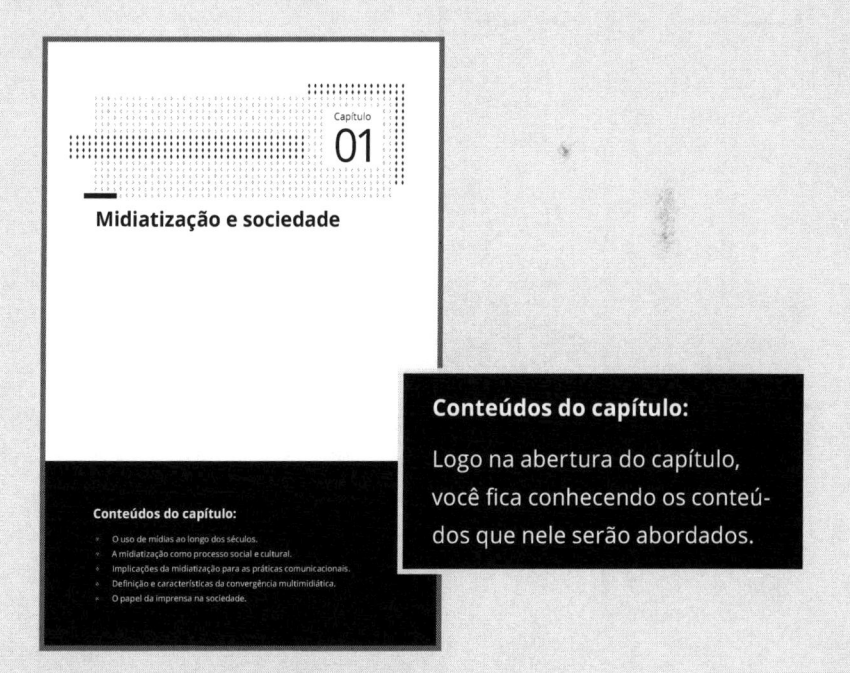

Capítulo
01

Midiatização e sociedade

Conteúdos do capítulo:
- O uso de mídias ao longo dos séculos.
- A midiatização como processo social e cultural.
- Implicações da midiatização para as práticas comunicacionais.
- Definição e características da convergência multimidiática.
- O papel da imprensa na sociedade.

Conteúdos do capítulo: Logo na abertura do capítulo, você fica conhecendo os conteúdos que nele serão abordados.

Assessoria de comunicação descomplicada

Após o estudo deste capítulo, você será capaz de:
- reconhecer as mudanças no uso de mídias ao longo do tempo;
- refletir sobre as características e as implicações da midiatização como processo social e cultural;
- compreender o papel que a imprensa tem nesse contexto.

Você já parou para refletir sobre o momento histórico em que vivemos? Somos bombardeados por estímulos a todo momento: mensagens recebidas em aplicativos de comunicação, convites para videochamadas, notificações em redes sociais, *banners* digitais sinalizando promoções imperdíveis. É praticamente impossível passar um tempo considerável sem ser impactado por algum tipo de mensagem ou sem receber alguma demanda para cumprir, não é mesmo?

Temos acesso ao mundo inteiro na palma de nossas mãos. Além de consumirmos qualquer tipo de conteúdo em questão de segundos, podemos adquirir produtos de países distantes com apenas alguns cliques e trabalhar remotamente. Com a internet, não existem mais fronteiras. Vivenciamos um processo que alguns teóricos da comunicação chamam de *midiatização*. Em outras palavras, a maneira como usamos as *mídias*[1] – especialmente as digitais – tem contribuído para alterar significativamente nossos comportamentos. A longo prazo, o resultado desse processo são mudanças culturais em termos de crenças e padrões comportamentais, rituais e hábitos de consumo.

- - - - -

[1] Entendemos mídias como "quaisquer sistemas simbólicos e tecnológicos que possibilitam, estruturam ou amplificam a comunicação entre indivíduos" (Deuze, 2012, p. 12, tradução nossa).

Após o estudo deste capítulo, você será capaz de:

Antes de iniciarmos nossa abordagem, listamos as habilidades trabalhadas no capítulo e os conhecimentos que você assimilará no decorrer do texto.

para o departamento de comunicação de diversas empresas, já que houve um enxugamento de vagas nas redações dos veículos de comunicação. Desse modo, com as equipes limitadas, as redações passaram a necessitar mais do trabalho dos assessores de imprensa (Duarte, 2011).

Desde então, a atuação dos assessores de imprensa no contexto organizacional tem se tornado cada vez mais importante e estratégica. Faz muito mais sentido, aliás, falarmos num conceito mais abrangente: assessoria de comunicação. Isso porque, atualmente, o profissional responsável por gerenciar os processos comunicacionais de uma organização costuma atuar em atividades que vão além do estabelecimento de relacionamento com a imprensa. Tais atividades envolvem, por exemplo, a gestão de conteúdos em mídias *off-line* e *on-line* e o desenvolvimento de ações de marketing e de endomarketing. Aprofundaremos essas estratégias nos próximos capítulos deste livro.

Perguntas & respostas

Nesta seção, respondemos a dúvidas frequentes relacionadas aos conteúdos do capítulo.

Perguntas & respostas

Assessoria de imprensa e assessoria de comunicação são a mesma coisa?

A assessoria de imprensa é uma prática profissional que envolve a gestão do fluxo de informações e do relacionamento entre as organizações e os veículos de comunicação. A assessoria de comunicação também abarca essa atividade, mas é mais abrangente. Ela engloba, de maneira geral, a gestão do relacionamento entre as organizações e seus públicos de interesse, entre os quais estão os consumidores,

Exemplificando

Numa empresa em que trabalhei por vários anos, eu e os demais integrantes do Departamento de Marketing encabeçamos um projeto que ilustra bem a estratégia descrita: para informar os colaboradores acerca das novidades da organização, desenvolvemos uma *newsletter* com pequenos textos. Esse material era enviado semanalmente aos colaboradores por *e-mail*. Com a intenção de incentivar a leitura e engajar os colaboradores, promovíamos desafios entre os setores da empresa. Quem vencia os desafios ganhava presentes personalizados. Numa dessas ações, presenteamos os colaboradores com canecas contendo o logo e o símbolo da marca. A estratégia foi um sucesso!

4.2 Técnicas e instrumentos

Para que o relacionamento com a mídia seja estabelecido de maneira efetiva e os resultados sejam significativos, o assessor de imprensa conta com técnicas e instrumentos indispensáveis em seu dia a dia. Veremos cada um deles a seguir.

∴ *Release*

Mafei (2012), no livro *Assessoria de imprensa: como se relacionar com a mídia*, afirma que o *release* é o símbolo por excelência da atividade profissional em questão. Segundo a autora, esse instrumento foi

Exemplificando

Disponibilizamos, nesta seção, exemplos para ilustrar conceitos e operações descritos ao longo do capítulo a fim de demonstrar como as noções de análise podem ser aplicadas.

Exemplo prático

Depoimento de Ledinara Batista, jornalista e idealizadora do tour Curitidoce

Sou jornalista por formação desde 2007. Sempre gostei de trabalhar com entretenimento, e tudo começou com um *blog* de viagens, em que eu relatava meus passeios de férias e, especialmente, experiências gastronômicas. Em agosto de 2014, enquanto trabalhava com produção de TV, surgiu a vontade de criar um passeio que fosse não somente turístico mas também gastronômico. Como sempre gostei muito de comer doces e de conhecer confeitarias, pensei o seguinte: "Por que não fazer um *city tour* que passe por docerias em vez de pontos turísticos?". Menos de um mês depois, realizei a edição-piloto do Tour Curitidoce. A ideia inicial era oferecer um passeio para turistas, mas, para a minha surpresa, nos seis primeiros meses participaram apenas curitibanos. Desde então, concluí um curso de guia de turismo regional e uma especialização em *pâtisserie* e *boulangerie* para somar conhecimentos técnicos e, assim, enriquecer ainda mais a experiência de quem faz o passeio.

Atualmente, o Curitidoce tem três frentes de trabalho. Ele continua sendo um passeio turístico, realizado em determinados sábados, por docerias de várias regiões da cidade, é um guia *on-line* de informações sobre doces na cidade (tem *site* e contas em redes sociais como o Instagram, o YouTube e o TikTok) e também é uma empresa de assessoria de imprensa especializada em docerias, confeitarias e cafés.

O Curitidoce tem como diferencial o fato de trazer indicações que remetam ao lado doce da cidade, focando profissionais que

Exemplo prático

Nesta seção, articulamos os tópicos em pauta a acontecimentos históricos, casos reais e situações do cotidiano a fim de que você perceba como os conhecimentos adquiridos são aplicados na prática e como podem auxiliar na compreensão da realidade.

Para saber mais

DE CARONA NA CARREIRA: 098. Reposicionamento de imagem e superação – Karol Conká. [Locução de]: Thaís Roque. **Spotify**, 4 ago. 2022. *Podcast*. Disponível em: <https://open.spotify.com/episode/5KjAqYD3zo8EiU8G9ZvvdO>. Acesso em: 15 mar. 2023.

Para compreender melhor o reposicionamento de imagem de Karol Conká, vale a pena ouvir a entrevista completa que a cantora concedeu à consultora de carreira Thaís Roque. Atente para as estratégias de comunicação que ela empregou para gerenciar a crise enfrentada.

5.3 Estratégias de gestão de crises

Apesar de crises de imagem serem inevitáveis, é possível – e, até mesmo, recomendado – desenvolver planos de ação para preveni-las ou administrá-las de maneira que a reputação e a credibilidade da organização não sejam prejudicadas a longo prazo. Nesta seção, abordaremos estratégias que podem ser colocadas em prática no dia a dia do assessor de comunicação. Traremos para a discussão as contribuições de autores como Maristela Mafei (2012) e Sulamita Mendes (2014), que têm carreiras relevantes no contexto da comunicação organizacional e têm ampla experiência com gestão de crises.

Para saber mais

Sugerimos a leitura de diferentes conteúdos digitais e impressos para que você aprofunde sua aprendizagem e siga buscando conhecimento.

Quadro 6.3 – Síntese do método Retam

Relevância	Faz sentido?
Especificidade	Está detalhado?
Temporalidade	Tem um prazo?
Alcance	É possível?
Mensuração	Tem como medir?

Mãos à obra

Agora, que tal você exercitar o que aprendeu? Analise os exemplos de objetivos a seguir e pondere se eles seguem os critérios em questão:

1. Reposicionar a marca.
2. Aumentar o engajamento nas redes sociais.
3. Promover as ações sociais da empresa nos principais veículos de comunicação do país.

Em sua opinião, esses objetivos podem ser considerados Retam? A resposta é "não". Apesar de serem relevantes, eles não estão suficientemente detalhados, não têm prazo para serem concretizados e não são mensuráveis. Veja só o primeiro deles: Em quanto tempo esse reposicionamento ocorreria? Quais canais comunicariam a transição da marca? De que maneira poderíamos mensurar a efetividade do reposicionamento?

Mãos à obra

Nesta seção, propomos atividades práticas com o propósito de estender os conhecimentos assimilados no estudo do capítulo, transpondo os limites da teoria.

Assessoria de comunicação descomplicada

(135) Relacionamento com a mídia

Síntese

Iniciamos o capítulo discutindo a importância da assessoria de imprensa nos âmbitos da comunicação institucional e da comunicação organizacional. Ela é responsável por mediar o relacionamento entre as organizações e a opinião pública, mediante a divulgação de notícias em veículos de comunicação. Dessa maneira, a população tem a oportunidade de se informar sobre fatos relacionados às organizações, e estas, quando agem de maneira coerente e socialmente responsável, são fortalecidas em termos de reputação e valor de marca.

Partindo desse pressuposto, analisamos as atividades que costumam ser conduzidas por assessores de imprensa no dia a dia e descrevemos os principais instrumentos e técnicas que possibilitam uma atuação efetiva. É importante reforçar que a base do trabalho da assessoria é o relacionamento com jornalistas e formadores de opinião. Por isso, conhecer as necessidades e as rotinas produtivas desses profissionais é imprescindível.

Abordamos, também, quatro possibilidades de atuação da assessoria: a política, a cultural, a gastronômica e a de celebridades/influenciadores. A primeira é bastante ampla, já que envolve o trabalho com candidatos a políticos e gestores públicos, de maneira concursada, comissionada ou autônoma; a segunda está centrada na organização e na promoção de eventos culturais e artísticos; a terceira envolve o investimento em ações de marketing que estimulem, principalmente, os sentidos visual, gustativo e olfativo; por fim,

Síntese

Você dispõe, ao final do capítulo, de uma síntese que traz os principais conceitos nele abordados.

(136) Assessoria de comunicação descomplicada

o quarto tipo de assessoria abarca a gestão da comunicação de celebridades e influenciadores tanto na esfera *on-line* quanto na *off-line*.

No próximo capítulo, trataremos de crises de imagem. Com base em *cases* reais, veremos como gerenciar situações que podem comprometer a reputação de uma marca e arruiná-la a longo prazo.

Questões para revisão

1. Explique em que consiste a estratégia referente à assessoria de imprensa e qual é o propósito de seu uso.
2. Cite e explique dois instrumentos que costumam ser empregados por assessores de imprensa.
3. Considerando as atividades que o assessor de imprensa executa em sua prática profissional, analise as afirmativas a seguir.
   I) Estabelecer relacionamento com jornalistas é imprescindível para a efetividade de ações da assessoria de imprensa.
   II) O *follow up* é uma atividade que deve ser evitada, pois acompanhar o processo de produção de matérias ou reportagens é algo que os jornalistas consideram incômodo.
   III) Para potencializar a construção de reputação e a autoridade de uma empresa, é recomendado divulgar conteúdos tanto por meio da imprensa quanto por intermédio de canais de comunicação da própria marca.

Questões para revisão

Ao realizar estas atividades, você poderá rever os principais conceitos analisados. Ao final do livro, disponibilizamos as respostas às questões para a verificação de sua aprendizagem.

Questões para reflexão

Ao propormos estas questões, pretendemos estimular sua reflexão crítica sobre temas que ampliam a discussão dos conteúdos tratados no capítulo, contemplando ideias e experiências que podem ser compartilhadas com seus pares.

Estudo de caso

Com estas atividades, você tem a possibilidade de rever os principais conceitos analisados. Ao final do livro, o autor disponibiliza as respostas às questões, a fim de que você possa verificar como está sua aprendizagem.

Capítulo 01

Midiatização e sociedade

Conteúdos do capítulo:

- O uso de mídias ao longo dos séculos.
- A midiatização como processo social e cultural.
- Implicações da midiatização para as práticas comunicacionais.
- Definição e características da convergência multimidiática.
- O papel da imprensa na sociedade.

Após o estudo deste capítulo, você será capaz de:

- reconhecer as mudanças no uso de mídias ao longo do tempo;
- refletir sobre as características e as implicações da midiatização como processo social e cultural;
- compreender o papel que a imprensa tem nesse contexto.

Você já parou para refletir sobre o momento histórico em que vivemos? Somos bombardeados por estímulos a todo momento: mensagens recebidas em aplicativos de comunicação, convites para videochamadas, notificações em redes sociais, *banners* digitais sinalizando promoções imperdíveis. É praticamente impossível passar um tempo considerável sem ser impactado por algum tipo de mensagem ou sem receber alguma demanda para cumprir, não é mesmo?

Temos acesso ao mundo inteiro na palma de nossas mãos. Além de consumirmos qualquer tipo de conteúdo em questão de segundos, podemos adquirir produtos de países distantes com apenas alguns cliques e trabalhar remotamente. Com a internet, não existem mais fronteiras. Vivenciamos um processo que alguns teóricos da comunicação chamam de *midiatização*. Em outras palavras, a maneira como usamos as *mídias*[1] – especialmente as digitais – tem contribuído para alterar significativamente nossos comportamentos. A longo prazo, o resultado desse processo são mudanças culturais em termos de crenças e padrões comportamentais, rituais e hábitos de consumo.

• • • • •

1   Entendemos *mídias* como "quaisquer sistemas simbólicos e tecnológicos que possibilitam, estruturam ou amplificam a comunicação entre indivíduos" (Deuze, 2012, p. 12, tradução nossa).

É fato: o modo como utilizamos as mídias digitais tem alterado a maneira como consumimos conteúdos, nos relacionamos, trabalhamos, compramos e gerenciamos organizações. Ao mesmo tempo que criamos e empregamos mídias, somos profundamente impactados por elas em diversos níveis.

Neste capítulo, analisaremos como chegamos até aqui. Desde a criação da prensa móvel por Johannes Gutenberg, por volta de 1450, práticas comunicacionais têm se reconfigurado numa velocidade cada vez maior. Tendo isso em vista, veremos as características da midiatização como processo social e cultural e discutiremos suas implicações para a comunicação na atualidade. Em seguida, examinaremos como a convergência multimidiática tem pautado a produção e o consumo de conteúdos. Por fim, refletiremos sobre o papel da imprensa num mundo em que todos podem criar e divulgar conteúdos com bastante facilidade e rapidez.

1.1
Fluxos informacionais: da unidirecionalidade à multidirecionalidade

Como você busca uma informação hoje em dia? Provavelmente, a primeira coisa que faz é "jogar" no Google a palavra-chave que representa o assunto. Instantaneamente, aparecem milhares de resultados por ordem de relevância. São anúncios de produtos e serviços associados, textos em *sites* e *blogs*, imagens e vídeos, entre outros. Então, é possível que você acesse o texto que está entre as primeiras posições e se informe um pouco sobre o tema em questão. Caso você deseje aprofundar seus conhecimentos sobre a temática com base numa uma visão científica, pode entrar no Google Acadêmico e ler artigos científicos ou começar a leitura de um livro digital. As informações de que você precisa estão acessíveis a cliques de distância.

Mas nem sempre foi assim. Até a criação da prensa móvel por Gutenberg, os livros eram escritos à mão e seu acesso era restrito à Igreja Católica. Com a possibilidade de imprimir textos, a quantidade de obras aumentou significativamente. Estima-se que, nos 150 anos seguintes à invenção da prensa, tenha sido publicado 1,25 milhão de títulos na Europa (McGarry, 1999).

Figura 1.1 – Réplica do modelo de prensa criado por Johannes Gutenberg

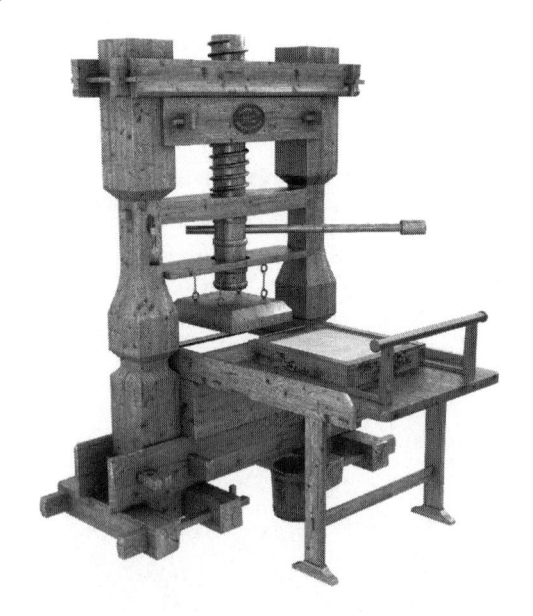

No século XX, vivenciamos outro marco na transmissão de informações: a **expansão da radiofusão e da televisão**. Por meio de aparelhos portáteis, era possível ter acesso a notícias locais, regionais e mundiais e ficar por dentro dos fatos mais importantes que estavam acontecendo. Realizar pesquisas e obter informações ficou, então, ainda mais fácil a partir desse marco comunicacional.

Figura 1.2 – Uso do televisor na década de 1950

mike mols/Shutterstock

Com a democratização do uso da internet, a partir do século XXI, houve uma verdadeira revolução: as informações passaram a ser amplamente disponíveis na rede e, em questão de alguns cliques, podem ser facilmente acessadas. Deixou de ser necessário ir até uma biblioteca ou aguardar o início do telejornal para compreender melhor determinado assunto e consumir notícias. Agora, é possível fazer isso por meio de um computador com acesso à internet.

Tal evolução evidencia uma mudança que tem se tornado ainda mais brusca nos últimos anos: o fluxo informacional que, com a invenção da prensa, do rádio e da televisão, era unidirecional ou verticalizado – ou seja, vinha apenas de uma direção (a direção das mídias e dos veículos de comunicação, no caso) – passou a ser **multidirecional ou horizontalizado** com o uso da internet (Castilho; Fialho, 2009). Ao navegarmos na rede, temos a possibilidade de consumir os mais variados tipos de conteúdos, bem como de interagir com eles e de produzi-los. Na seção a seguir, analisaremos melhor essa importante mudança que houve no fluxo informacional a partir do surgimento da internet.

1.2
Midiatização: características e implicações

Vimos anteriormente que, desde a criação da prensa móvel, o fluxo de informações no mundo tem se modificado consideravelmente. As informações estão cada vez mais disponíveis, já que, atualmente, é possível ter acesso aos mais diversos materiais – desde textos jornalísticos até livros digitais – por meio da internet. Nesse cenário, a utilização da rede mundial de computadores (o nome original, em inglês, é *World Wide Web*) propicia o que chamamos de *midiatização* – que, conforme vimos, é um processo em que mudanças comportamentais e culturais são ocasionadas pelo uso de mídias digitais.

Andreas Hepp, Nick Couldry e Mark Deuze são alguns dos autores que se dedicam a estudar a midiatização como processo e campo teórico. Deuze, aliás, lançou, em 2012, uma obra intitulada *Media Life*, na qual defende uma teoria bastante pertinente sobre as implicações da midiatização. É desse autor uma frase icônica, que ilustra bem o que o uso das mídias representa atualmente: "as mídias estão para o [ser humano] assim como a água está para o peixe" (Deuze, 2012, p. 10, tradução nossa). Com essa afirmação, ele argumenta que estamos submersos pelas mídias e misturados com elas o tempo todo. Não há, portanto, como fugir.

A *Media Life* (que podemos traduzir como "vida vivida nas mídias" ou "vida dentro das mídias"), segundo o autor (Deuze, 2012), é um estilo de vida que reflete tudo o que fazemos com o auxílio das mídias. Envolve como vivenciamos a relação entre o tempo e o espaço, como construímos e mantemos relacionamentos afetivos e como demonstramos poder e *status*. Faz sentido, não é mesmo? Empregamos mídias em todas as esferas de nossa vida: no trabalho, em momentos de lazer e em nossos relacionamentos. Uma vida sem tecnologias digitais parece inimaginável nos dias de hoje.

Durante o curso de mestrado, havia um colega que se recusava a usar o celular para se comunicar. Ele alegava que não gostava da ideia de estar disponível o tempo todo e de ser acessado pelas pessoas a qualquer momento. Por esses motivos, preferia não utilizar o aparelho. Apesar de ter esse posicionamento um tanto radical, ele tinha um *e-mail* para se comunicar e enviar os trabalhos para os professores do curso. De qualquer forma, mesmo não tendo um celular, ele acabava se comunicando por meio de outra mídia digital. Com esse exemplo, podemos perceber que usar algum tipo de tecnologia digital é algo inevitável. Portanto, Mark Deuze (2012) está certo: não há como fugir das mídias digitais.

Para Couldry e Hepp (2016), a midiatização pode ser analisada por meio de três dimensões: **temporal**, **espacial** e **social**. Considerando esses pontos, veremos a seguir quais são as principais características da midiatização como processo social.

∴ Disponibilidade

Em razão da facilidade de publicar conteúdos na internet, há, atualmente, uma circulação aberta de informações tanto públicas quanto privadas (Couldry; Hepp, 2016). Podemos, por exemplo, acessar notícias ao mesmo tempo que conseguimos saber como foi o fim de semana de nossos colegas de trabalho, por intermédio das redes sociais. A internet é democrática em termos de conteúdos: abarca os mais diversos tipos de informações para os mais variados públicos.

Aliás, a partir do momento em que passamos a utilizar tecnologias digitais que propiciam a comunicação (tais como *smartphones*, redes sociais e aplicativos como o WhatsApp), também nos tornamos disponíveis e, portanto, acessíveis. Não são apenas as informações que estão disponíveis na rede – nós também estamos, constatação que nos leva ao próximo tópico.

∴ Instantaneidade

Com o uso da internet, as informações, tanto públicas quanto privadas, e as pessoas não só estão disponíveis como também podem ser acessadas instantaneamente. É só você pensar em como costuma consultar conteúdos na rede. É provável que, primeiramente, você busque determinado assunto no Google. Entre os primeiros itens que aparecem, um deles deve chamar mais sua atenção. Você, então, clica rapidamente no conteúdo e começa a lê-lo; de repente, um *hiperlink* o leva a outra página. Em seguida, você se lembra de um assunto associado ao tema inicial e abre mais uma aba de seu navegador. Ao lado dessa aba, é possível que você esteja com outras abertas – uma com a versão *web* do WhatsApp e outra com sua caixa de *e-mails*. Enquanto migra de um conteúdo para outro, você aproveita para dar uma olhada em suas mensagens mais recentes. É assim, não é mesmo? A maioria de nós acessa conteúdos dessa forma – e faz tudo isso em questão de minutos ou até mesmo de segundos!

Neste ponto, é importante fazer uma observação: de acordo com Nowotny (1994 citado por Couldry; Hepp, 2016), a instantaneidade não tem o poder de acelerar o tempo, e sim de aumentar nossa sensibilidade em relação a ele. É justamente por isso que temos constantemente a impressão de que, em razão do excesso de estímulos digitais, estamos o tempo todo correndo – e, mesmo assim, faltam horas em nosso dia. A instantaneidade contribui para que pensemos que tudo "é para ontem"! Quer ver um exemplo disso? Quando enviamos uma mensagem para alguém via WhatsApp, tendemos a esperar que a pessoa em questão responda rapidamente. Se ela não o faz, achamos que algo está errado. É comum que tenhamos pensamentos como "O que será que aconteceu?" ou "Que demora para responder!".

∴ Localidades-mídia

Com o advento da internet sem fio (Wi-Fi), é possível estar conectado em praticamente qualquer lugar. Nesse contexto, tem sido cada vez mais comum trabalharmos em locais públicos, como cafeterias, por exemplo, e até mesmo quando estamos nos locomovendo, por meio de *smartphones*. Além disso, podemos conversar instantaneamente com pessoas dos mais diversos locais do mundo.

A partir do momento em que usamos mídias digitais com acesso à internet, o local em que estamos passa a ser o que chamamos de **localidade-mídia** (Krotz, 2007 citado por Hepp, 2013). Isso porque, no contexto da midiatização, espaços físicos também se tornam mídias. A transmissão de *lives* é um exemplo disso. Ambientes domésticos e públicos, tais como parques, praças, empresas, casas de *show* e *shoppings*, têm sido palco dessas transmissões com uma frequência cada vez maior. Couldry e Hepp (2016) tecem algumas considerações pertinentes sobre o emprego de mídias em diferentes localidades:

> No contexto da midiatização, é importante perguntar "onde os indivíduos estão com e através das mídias", por mais que eles estejam sentados numa sala de aula, num auditório,

numa cafeteria ou num parque. Mesmo quando não estão imersas em jogos, as pessoas podem estar interagindo com várias outras de diferentes localidades por meio de mídias. Situadas em locais específicos, elas podem – por intermédio do uso de mídias – estar visíveis para milhares de usuários de outros locais ou acompanhar a vida destes sem serem percebidas. Os indivíduos podem realizar comentários no Twitter, no Facebook, num *chat on-line* ou em *e-mails* e também interagir em tempo real com outros enquanto assistem a determinado conteúdo proveniente de uma mídia tradicional – como um programa de TV, por exemplo. (Couldry; Hepp, 2016, p. 90-91, tradução nossa)

O fato de utilizarmos mídias em diversos lugares e de maneira simultânea gera o que Couldry e Hepp (2016) chamam de *excesso de comunicação*. Trata-se de uma consequência que ocorre quando o fluxo de informações recebidas em determinado local é maior do que a capacidade de processamento desse local e dos indivíduos que estão nele. Nas situações em que isso acontece, o sinal de Wi-Fi pode ficar instável, e a capacidade de apreensão dos conteúdos por parte das pessoas pode ficar prejudicada, visto que o cérebro humano não consegue processar tantas informações ao mesmo tempo. Aliás, a médio e a longo prazo, pode haver graves consequências para nossa saúde mental e física. Estresse, *burnout*, insônia e ansiedade são alguns dos problemas mais comuns.

1.3
A comunicação no contexto da midiatização: todos querem (e podem) participar

O que você faz quando quer se informar sobre o que está acontecendo no Brasil e/ou no mundo? Acessa um portal jornalístico, assiste a um telejornal, entra num aplicativo de notícias, ouve um *podcast* ou rola o *feed* de sua rede social preferida? Num mundo midiatizado, as opções são cada vez mais numerosas, concorda?

Além de as informações estarem amplamente disponíveis, cada um de nós pode produzi-las. Foi-se o tempo em que, para darmos nossa opinião, precisávamos discar alguns números do telefone fixo com a intenção de decidir qual seria o melhor final para o episódio semanal do programa *Você Decide*, da Rede Globo de Televisão. Esse programa é de seu tempo? Quem tem mais idade provavelmente se lembrará dele.

Com a internet, ficou muito mais fácil participar. Por meio de uma mensagem de WhatsApp, podemos sugerir pautas para veículos de comunicação, por exemplo. Conseguimos demonstrar nossas opiniões sobre notícias e artigos mediante comentários em *sites*, *blogs* e redes sociais. É possível até mesmo criar veículos de comunicação com o auxílio de plataformas gratuitas e de um *smartphone* com acesso à internet. **Todos nós podemos participar!**

Com o intuito de esclarecermos melhor essa cultura da participação que a midiatização possibilita e favorece, chamaremos para a nossa discussão dois autores de grande importância para a comunicação e o marketing: Philip Kotler e Henry Jenkins. O primeiro deles defende, no livro *Marketing 4.0*, que vivenciamos, nos dias de hoje, uma **horizontalização do poder de consumo** (Kotler; Kartajaya; Setiawan, 2017). Antes da democratização do uso da internet, empresas públicas e privadas centralizavam informações relevantes e selecionavam o material que chegaria até o público. Nessa época, para que conseguíssemos obter informações, tínhamos, basicamente, duas opções para consumir conteúdos: por meio de livros ou de veículos de comunicação. Consequentemente, o poder era **verticalizado**, ou seja, vinha de cima (empresas) para baixo (grande público).

O mesmo processo valia para bens de consumo: um número restrito de organizações fabricava produtos em larga escala e dominava o mercado (Kotler; Kartajaya; Setiawan, 2017). Se quiséssemos adquirir algum produto, tínhamos poucas opções. Se desejássemos comprar artigos com características específicas, a situação era ainda pior. Era praticamente impossível encontrá-los.

Hoje, presenciamos o contrário: as relações entre as organizações e os consumidores tendem a ser mais horizontais – ou, em outras palavras, de "igual para igual". Como as informações estão dissipadas pela rede, qualquer um com acesso à internet pode encontrá-las. Diante disso, estamos mais bem informados e preparados para argumentar com marcas, se for o caso. Não aceitamos mais que empresas simplesmente imponham suas verdades sem antes questioná-las e validá-las. Se uma empresa "pisa na bola", *feedbacks* negativos publicados em *sites* como o Reclame Aqui e em redes sociais podem contribuir para gerar crises de imagem institucional de grandes dimensões.

A criação de negócios também está mais facilitada com a popularização do acesso à internet. Empresas de grande porte podem comercializar seus produtos para pessoas do mundo todo, ao mesmo tempo que pequenas marcas podem iniciar suas vendas mediante o desenvolvimento de lojas virtuais próprias (*e-commerces*) ou o estabelecimento de parcerias com *e-marketplaces* (lojas virtuais em que são comercializados produtos de diferentes fornecedores). Com o uso de plataformas que agregam conteúdos e redes sociais, as marcas – por maiores ou menores que sejam – podem criar conteúdos em diferentes formatos e exercer influência para fidelizar os consumidores. A internet é democrática e amplifica as possibilidades de criação e de consumo de conteúdos, produtos e serviços.

Ao falarmos especificamente sobre como ocorrem a produção e o consumo de conteúdos na rede, é pertinente que abordemos o conceito de *convergência multimidiática*. Trata-se de um processo no qual os conteúdos perpassam por diferentes mídias e canais de comunicação de maneira integrada (Palácios, 2003). A convergência ocorre quando uma emissora de televisão transmite programas ao vivo ao mesmo tempo que o *site* e as redes sociais da marca também são alimentados com conteúdos específicos, por exemplo. Outra possibilidade são plataformas de *streaming* que mantêm suas redes sociais atualizadas e têm *e-commerces* próprios para comercializar produtos relacionados aos programas exibidos.

Esse último exemplo já é real, aliás. A Netflix lançou, em 2021, uma loja virtual para comercializar produtos ligados a séries de sucesso da plataforma. Entre os itens disponíveis estão moletons e suéteres da série francesa *Lupin* e camisetas do *hit Stranger Things*.

De acordo com informações do *site* da CNN Brasil (Wolf, 2021), a ideia é oferecer os produtos para consumidores dos Estados Unidos e, ao longo do tempo, expandir a distribuição para outros países.

Por meio da convergência multimidiática, temos a oportunidade de usufruir de conteúdos e produtos em diferentes canais e plataformas, o que enriquece nossa experiência de consumo. Isso porque, segundo Jenkins (2008), a convergência é profundamente marcada por duas características: a **cooperação entre mercados midiáticos** – já que diferentes mídias e empresas firmam parcerias para potencializar o consumo – e o **trânsito do público** – que migra de plataforma para plataforma com o objetivo de ter experiências de entretenimento mais completas e significativas.

Quer ver um exemplo? Durante a telenovela *A dona do pedaço*, exibida pela Rede Globo em 2019, a atriz Paolla Oliveira interpretava a *digital influencer* Vivi Guedes, que "bombava" nas redes sociais tanto na ficção quanto na realidade. Para atrair a atenção do público que estava conectado à internet e potencializar a audiência da novela, a emissora criou uma conta oficial para a influenciadora no Instagram. Em cerca de três meses, o perfil já contava com 820 mil seguidores (Neves, 2019). A ação pode ser considerada um *case* de sucesso quando falamos em convergência multimidiática.

Em agosto de 2022, o Sistema Brasileiro de Televisão (SBT) divulgou uma parceria com a rede social Kwai, que compete com o TikTok, para criar e exibir um *spin-off* da novela *Poliana moça* no aplicativo. Chamada de *Vivendo na gringa*, a trama, que mostra a experiência de um dos personagens da novela num intercâmbio na Austrália, terá 18 episódios de até dois minutos de duração cada. No penúltimo episódio, os espectadores poderão opinar sobre o desfecho da história (Novela..., 2022).

No caso da parceria entre o SBT (uma mídia tradicional) e o Kwai (uma mídia digital), os dois conteúdos – a telenovela e o *spin-off* – foram pensados para mídias com características bastante diferentes: a primeira possibilita a exibição de capítulos mais longos, ao passo que a segunda privilegia aspectos como a agilidade e a interação por parte dos usuários. Apesar de serem diferentes, os conteúdos foram estruturados de maneira integrada e complementar.

1.4
O papel da imprensa

A midiatização – que, conforme vimos anteriormente, é marcada pelo uso frequente de mídias digitais, com a consequente modificação de comportamentos e de aspectos culturais – tem possibilitado que tenhamos vez e voz na internet. Qualquer pessoa com um dispositivo tecnológico que tenha acesso à rede e conhecimentos sobre determinado assunto ou área pode começar a produzir conteúdos numa mídia social e se tornar autoridade ao longo do tempo.

O *digital influencer* Felipe Neto é um exemplo icônico disso. Em 2010, ele publicou seu primeiro vídeo no YouTube, em que tecia críticas ácidas a temas relacionados à cultura pop. Apesar de se sentir inseguro com o primeiro material que produziu, ele continuou publicando vídeos e, com o apoio de outros produtores de conteúdo, começou a crescer na internet. Com o tempo, passou a ganhar visibilidade na imprensa e tornou-se um empreendedor. Foi dono de uma produtora audiovisual (a Paramaker), contribuiu com outros canais de vídeo de entretenimento e esteve à frente de uma rede de coxinhas com o irmão, Luccas Neto, que também é *youtuber* (Zorzi, 2019).

Há casos similares em diversas partes do mundo, em menor ou maior grau. No Brasil, podemos citar Kéfera Buchmann, Camila Coutinho, Bianca Andrade (conhecida como Boca Rosa), Whindersson Nunes e Felipe Castanhari. A influência digital é, diga-se de passagem, um fator que tem embasado uma importante estratégia no contexto da comunicação organizacional: o **marketing de influência**. Examinaremos melhor essa ação mais adiante.

Num mundo em que praticamente todos podem consumir e produzir conteúdos na internet, a sobrevivência profissional também depende cada vez mais de habilidades e práticas editoriais. Se, antes da popularização do uso da rede, tais habilidades estavam restritas a profissionais de áreas como a comunicação, o jornalismo, o marketing e a publicidade, hoje elas são exigidas em praticamente todos os segmentos. Repare que tem sido comum profissionais como médicos e psicólogos criarem contas em redes sociais para produzirem conteúdos. Hartley (2000) considera que as sociedades atuais podem ser chamadas de **redacionais** justamente porque todos nós, independentemente da área de atuação, somos levados a produzir conteúdos em menor ou maior quantidade.

Agora, pensemos: Se todos nós podemos produzir conteúdos e exercer influência, qual é o papel da imprensa nesse cenário? O jornalismo foi concebido como a atividade profissional responsável por divulgar notícias de **interesse público**. Tudo o que impacta nossa vida em alguma medida – em termos políticos, econômicos, ambientais, sociais e/ou sanitários, por exemplo – precisa ser divulgado pela imprensa. Vejamos o que estabelece o Código de Ética dos Jornalistas no Brasil (Fenaj, 2007):

> Art. 1º O Código de Ética dos Jornalistas Brasileiros tem como base o direito fundamental do cidadão à informação, que abrange seu o direito de informar, de ser informado e de ter acesso à informação.
>
> Art. 2º Como o acesso à informação de relevante interesse público é um direito fundamental, os jornalistas não podem admitir que ele seja impedido por nenhum tipo de interesse, razão por que:
>
> I – a divulgação da informação precisa e correta é dever dos meios de comunicação e deve ser cumprida independentemente de sua natureza jurídica – se pública, estatal ou privada – e da linha política de seus proprietários e/ou diretores;
>
> II – a produção e a divulgação da informação devem se pautar pela veracidade dos fatos e ter por finalidade o interesse público;
>
> III – a liberdade de imprensa, direito e pressuposto do exercício do jornalismo, implica compromisso com a responsabilidade social inerente à profissão;
>
> IV – a prestação de informações pelas organizações públicas e privadas, incluindo as não governamentais, é uma obrigação social;

V – a obstrução direta ou indireta à livre divulgação da informação, a aplicação de censura e a indução à autocensura são delitos contra a sociedade, devendo ser denunciadas à comissão de ética competente, garantido o sigilo do denunciante.

O documento em questão é bastante claro: é dever dos meios de comunicação divulgar informações de interesse público de maneira correta e precisa. Para atenderem a essa obrigação profissional, os jornalistas precisam realizar algumas atividades que precedem a publicação de matérias e reportagens. Vejamos as principais delas:

- selecionar fatos que realmente sejam de relevância pública;
- entrevistar fontes relacionadas aos fatos investigados;
- apurar informações para construir matérias/reportagens;
- revelar diferentes pontos de vista sobre os mesmos fatos;
- acompanhar e revelar os desdobramentos dos fatos divulgados.

A imprensa garante a veracidade das informações que são divulgadas para a população. Ela realiza uma espécie de filtro para selecionar o que é de interesse público ou não. Obviamente, não podemos desconsiderar que há interesses de diversas ordens nesse processo, uma vez que veículos de comunicação são empresas que visam ao lucro. Nesse sentido, a ideia de que a imprensa age com total imparcialidade é uma falácia. Mesmo assim, o interesse coletivo e o livre acesso à informação são ideais que continuam e continuarão a ser perseguidos pelos jornalistas.

Dessa forma, quando lemos um texto jornalístico, temos a garantia de que o material em questão passou por um processo sério de seleção, apuração e comprovação. Como você pode ver, há várias etapas que são cumpridas até que uma matéria seja disponibilizada na internet ou em outro meio de comunicação.

Médicos, psicólogos, publicitários, profissionais de marketing e *digital influencers*, entre outros, não têm o mesmo dever que os jornalistas têm. Por mais que os conteúdos produzidos por eles sejam relevantes para públicos específicos, o interesse coletivo não é um ideal a ser perseguido. Jornalistas podem ser considerados produtores de conteúdo, mas produtores de conteúdo não são, em hipótese alguma, jornalistas. A primeira obrigação da imprensa é com a sociedade.

Síntese

Vimos, neste capítulo, que a comunicação foi profundamente impactada pela invenção da prensa móvel por Gutenberg. De 1450 até os dias atuais, a maneira como acessamos, consumimos e produzimos conteúdos tem se alterado significativamente. Hoje, com o uso da internet e de tecnologias digitais, o fluxo de informações pode ser considerado multidirecional e horizontalizado, já que o acesso ao conhecimento é, de maneira geral, amplo e facilitado.

A horizontalização do fluxo de informações é um reflexo da midiatização como processo social, em que o uso de mídias modifica comportamentos e práticas culturais. Ao longo do capítulo, analisamos as principais características da midiatização e suas implicações para a comunicação, especialmente no que diz respeito à convergência multimidiática. Por meio de exemplos, pudemos verificar como se dá, na prática, a integração entre diferentes mídias e conteúdos.

A última seção do capítulo trouxe à tona uma discussão bastante pertinente: o papel da imprensa no contexto da midiatização. Foi possível constatar que, apesar de as sociedades atuais serem consideradas redacionais – uma vez que todos nós, em menor ou maior grau, produzimos e divulgamos conteúdos –, é a imprensa a responsável por realizar uma seleção mais apurada de fatos que são de interesse público.

No segundo capítulo, enfocaremos a relação entre as organizações e a comunicação. Nesse sentido, mostraremos em que consistem as organizações e qual é o propósito da comunicação nesse contexto, tendo em vista suas diferentes esferas.

Questões para revisão

1. No contexto da midiatização, surge uma prática comunicacional nomeada como *convergência multimidiática*. Levando em conta o que você aprendeu neste capítulo, defina tal prática e cite dois exemplos reais.

2. Com a democratização do acesso à internet, todos podem se tornar produtores de conteúdo digital. Explique qual é o papel da imprensa nesse contexto.

3. Considerando as mudanças no fluxo de informações desde a criação da prensa por Gutenberg, analise as afirmativas a seguir.

   I) O fluxo de informações horizontalizado envolve, principalmente, o consumo e a produção de conteúdos em canais de comunicação variados.

   II) O fluxo de informações passou a ser multidirecional a partir da popularização da radiofusão e da televisão.

   III) Desde a invenção da prensa móvel, as informações estão cada vez mais disponíveis e acessíveis.

   Assinale a alternativa que indica a(s) afirmativa(s) correta(s):

   a) A afirmativa I, apenas.
   b) As afirmativas I e II, apenas.
   c) As afirmativas I e III, apenas.
   d) As afirmativas II e III, apenas.
   e) Todas as afirmativas estão corretas.

4. Levando em conta as características e as implicações da midiatização como processo social, analise as afirmativas a seguir.

   I) No processo denominado *midiatização*, o uso de mídias modifica comportamentos humanos e provoca mudanças culturais a longo prazo.

   II) O excesso de comunicação ocorre quando a quantidade de informações transmitidas é maior do que a capacidade de processá-las.

   III) Os ambientes *on-line* e *off-line* são distintos. Dessa forma, é possível sair de um e entrar no outro.

Assinale a alternativa que indica a(s) afirmativa(s) correta(s):

a) A afirmativa I, apenas.
b) As afirmativas I e II, apenas.
c) As afirmativas I e III, apenas.
d) As afirmativas II e III, apenas.
e) Todas as afirmativas estão corretas.

5. Leia as afirmativas a seguir e avalie a relação proposta entre elas.

I) A convergência entre mídias proporciona experiências de consumo mais completas e significativas,

PORQUE

II) a midiatização é um reflexo da democratização do acesso à rede mundial de computadores.

Agora, assinale a alternativa correta:

a) As afirmativas I e II são falsas.
b) A afirmativa I é verdadeira, e a II é falsa.
c) A afirmativa II é verdadeira, e a I é falsa.
d) As afirmativas I e II são verdadeiras, e a II justifica a I.
e) As afirmativas I e II são verdadeiras, mas a II não justifica a I.

Questão para reflexão

1. Escolha duas empresas de seu interesse e verifique, por meio de uma pesquisa, se elas utilizam diferentes canais de comunicação e se há integração entre as ações realizadas. Explique, em sua resposta, como as estratégias são empregadas.

Capítulo
02

O papel da assessoria de comunicação no contexto das organizações

Conteúdos do capítulo:

- Conceituação de *organização* e *comunicação organizacional*.
- Evolução histórica da assessoria de comunicação no mundo e no Brasil.
- Diferenças entre identidade e imagem corporativa.
- Escopo da comunicação organizacional integrada.

Após o estudo deste capítulo, você será capaz de:

1. compreender a importância da assessoria de comunicação no contexto organizacional;
2. diferenciar as esferas da comunicação organizacional integrada por meio de suas características e de seus objetivos.

Em que consiste uma organização? Do que ela é feita? Qual é o papel da comunicação nesse contexto e de que formas ela é exercida? Essas perguntas nortearão o presente capítulo.

Nesse sentido, realizaremos um percurso histórico e teórico, cujo ponto de partida é a definição dos conceitos de *organização* e *comunicação*. Em seguida, com base no entendimento dos marcos históricos da assessoria de comunicação no Brasil e no mundo, começaremos a analisar o papel da comunicação nas organizações. Por fim, passaremos a tratar de aspectos técnicos e instrumentais da comunicação no contexto das organizações. Vamos juntos?

2.1
A comunicação no contexto organizacional

O termo *organização* procede da palavra grega *organon*, que significa "órgão" (Mattos, 1978). Apesar desse significado, é comum associarmos organizações a empresas. Mas será que esses termos realmente representam a mesma coisa ou há diferenças? Para iniciarmos nossa discussão, vejamos a abordagem de Jacques Marcovitch (1972, p. 5) sobre as organizações:

> Quando o homem junta esforços com outros homens, surge a organização. O homem é um elemento multiorganizacional que continuamente se vê afetado por várias organizações e, ao mesmo tempo, as influencia. Um jogo de futebol nada mais é do que a competição entre duas organizações representadas pelos vinte e dois homens que estão no campo. O homem é mais do que um ser vivo. Através das organizações ele consegue ampliar suas aptidões, aproveitar melhor as habilidades e os conhecimentos de cada um, a fim de satisfazer suas necessidades básicas, emocionais e espirituais. O homem é um ser que produz e para isso se associa. A organização corresponde a uma associação de homens e uma coordenação de esforços.

Ao analisarmos essa citação, podemos constatar que uma organização é formada por pessoas que unem esforços para satisfazer às próprias necessidades, as quais podem ser as mais variadas: envolvem desde questões básicas e tangíveis, ligadas à sobrevivência, como alimentação e segurança, até desejos mais elaborados e intangíveis, como amor e poder. Dessa forma, ao se associarem, as pessoas empregam seus conhecimentos e suas habilidades para obter aquilo que desejam e de que necessitam.

Numa empresa, isso, de fato, acontece, não é mesmo? Indivíduos costumam ser contratados para que sua força de trabalho seja utilizada em prol da missão organizacional. Geralmente, essa missão é concretizada mediante a comercialização de produtos e/ou serviços que suprem desejos e necessidades dos consumidores. Contudo, perceba que o conceito de *organização* é mais amplo, podendo abarcar também outras formas de agrupamentos de pessoas. Afinal, segundo Idalberto Chiavenato (1982, p. 271, grifo do original), "a palavra *organização* denota qualquer empreendimento humano moldado intencionalmente para atingir determinados objetivos". Vejamos alguns exemplos de empreendimentos humanos que podem ser considerados organizações:

- empresas;
- associações;
- órgãos públicos;
- instituições públicas;
- organizações não governamentais (ONGs).

Observemos, agora, a definição de Maria J. Pereira, que vai ao encontro do ponto de vista de Marcovitch e, de certa forma, sintetiza-o:

> Organização é simplesmente um instrumento técnico, racional, utilizado para canalizar a energia humana na busca de objetivos prefixados, cuja sobrevivência depende exclusivamente de sua capacidade de atingir os resultados e adaptar-se às mudanças ambientais para evitar a obsolescência técnica. (Pereira, 1988, p. 9-10)

Para Pereira (1988), as necessidades e os desejos humanos que uma organização concretiza são traduzidos por meio de objetivos. Definem-se, portanto, objetivos para que as necessidades e os desejos de pessoas sejam realizados. Faz sentido, não? A autora acrescenta que a sobrevivência de organizações depende de dois aspectos: (1) do quanto elas são capazes de gerar resultados e (2) do quanto elas são capazes de se adaptar a mudanças ambientais. É possível considerar, então, que organizações não são entidades fechadas em si mesmas, imunes ao que acontece à sua volta. Na verdade, é justamente o contrário: elas são constantemente influenciadas por fatores tanto internos quanto externos. São organismos vivos, pulsantes.

Entre os fatores externos que influenciam os rumos de uma organização estão, por exemplo, a economia, a política, as leis vigentes, o meio ambiente e a concorrência. Tais fatores, é importante salientar, têm se modificado de maneira cada vez mais instantânea no contexto da midiatização, o que se reflete, logicamente, nas ações das organizações, que precisam adaptar-se com rapidez. Quando falamos nos fatores internos, há, também, uma complexidade de aspectos a serem considerados. Dentro de uma organização, estão em jogo sistemas hierárquicos, processos e fluxos administrativos e uma rede de interações entre colaboradores com as mais variadas personalidades, histórias, crenças e valores. Imagine todos esses elementos entrelaçados no dia a dia de uma empresa, em constante interação. Não é nada simples, certo?

É justamente a **comunicação** que possibilita que uma organização, com toda a sua complexidade, permaneça viva e pulsante.

Em termos práticos, ela viabiliza o funcionamento da instituição e possibilita que ela se adapte aos fatores internos e externos e gere resultados. Como afirma a professora Margarida Kunsch (2003, p. 69), uma das principais pesquisadoras sobre essa temática no Brasil, "o sistema comunicacional é fundamental para o processamento das funções administrativas internas e do relacionamento das organizações com o meio externo". A comunicação permite, entre outras ações, que:

- a organização se adapte a mudanças socioculturais;
- os consumidores conheçam a identidade e a filosofia organizacional;
- a organização produza e comercialize (ou adapte) produtos e serviços;
- os colaboradores sigam (e questionem) processos e fluxos administrativos;
- os consumidores conheçam os produtos e os serviços comercializados pela organização;
- os colaboradores interajam e usem a própria força de trabalho em prol da missão da organização;
- a organização desenvolva pesquisas de mercado para compreender melhor os desejos e as necessidades dos consumidores.

Entendida a relação entre as organizações e a comunicação, precisamos abordar um conceito fundamental para esta obra: a comunicação organizacional. Se é a comunicação que viabiliza o funcionamento de uma organização, como pode ser definido tal conceito? Para Kunsch (2003, p. 149), a **comunicação organizacional** é uma área do conhecimento científico. Segundo a autora, tal vertente "estuda como se processa o fenômeno comunicacional dentro das organizações no âmbito da sociedade global. Ela analisa o sistema, o funcionamento e o processo de comunicação entre a organização e seus públicos de interesse[1]".

Como a comunicação organizacional é uma área de pesquisa científica, há, constantemente, vários artigos científicos e livros sendo publicados sobre o assunto. Isso quer dizer que temos, no Brasil e no mundo, pesquisadores comprometidos com o propósito de investigar os processos comunicacionais nas organizações. Existem, inclusive, outros termos que são empregados no país para nomear essa área de pesquisa, podendo ser considerados sinônimos. Vejamos algumas dessas denominações:

- *comunicação integrada*;
- *comunicação corporativa*;
- *comunicação empresarial*;
- *comunicação organizacional integrada*.

Quantos novos aprendizados, não é mesmo? Podemos dizer que a comunicação organizacional **perpassa pela organização como um todo**, viabilizando seu funcionamento e seu relacionamento com os públicos de interesse internos e externos. É válido ressaltar que, no mercado de trabalho brasileiro, a área que se ocupa, em termos técnicos e instrumentais, da comunicação nas organizações

•••••

1   Públicos de interesse ou *stakeholder*s são as partes interessadas na organização, as quais se relacionam com ela direta ou indiretamente. Podemos citar como exemplos os colaboradores, os fornecedores, os clientes e os concorrentes.

se chama *assessoria de comunicação*. Na seção a seguir, veremos os marcos históricos dessa área no Brasil e no mundo. Vamos mergulhar um pouco nessa história?

2.2
Evolução histórica da assessoria de comunicação

Iniciemos este tópico com uma constatação importante: não há consenso sobre o surgimento exato da assessoria de comunicação. Os pesquisadores Elisa Ferraretto e Luiz Artur Ferraretto (2009) contam que, na China, em 202 a.C., circulavam, publicamente, cartas contendo decisões e ações da dinastia Han. Essa era, portanto, uma estratégia de comunicação para que a população soubesse o que estava acontecendo no governo dinástico. Já no mundo ocidental, havia dois movimentos intensos durante a Revolução Industrial: de um lado, trabalhadores de fábricas começaram a manifestar em publicações próprias seu descontentamento com as precárias condições de trabalho; de outro, os empregadores, receosos, passaram a reagir criando jornais direcionados a seus funcionários. Tratava-se de tentativas de conter ideias libertárias e reacionárias. Surgiam, então, o **jornalismo empresarial** (ligado às empresas) e o **jornalismo sindical** (ligado aos trabalhadores). Vejamos o esclarecimento dos autores a esse respeito:

> As publicações empresariais surgiram dentro do grupo que exerce a hegemonia do poder na sociedade capitalista do século XIX. Os proprietários de estabelecimentos comerciais

e industriais de grande e médio porte pretendiam contornar a crescente insatisfação dos trabalhadores, externada pela organização de sindicatos e politização do movimento operário. O proletariado não tinha acesso aos espaços de opinião da grande imprensa na época. Como resultado, os trabalhadores tiveram de buscar suas próprias formas de expressão. (Ferraretto; Ferraretto, 2009, p. 17)

Segundo Francisco Gaudêncio Torquato do Rego (1987), quatro periódicos empresariais merecem destaque:

1. **Lloyd's List** (lançado na Grã-Bretanha em 1696) – É considerado o precursor do jornalismo empresarial no mundo.
2. **Lowell Offering** (idealizado em meados do século XIX, nos Estados Unidos) – Foi o primeiro periódico regular financiado por uma companhia.
3. **The Mechanic** (publicado em 1847, nos Estados Unidos) – Foi um dos primeiros periódicos destinados aos públicos externos de uma organização (no caso, os clientes de uma empresa de material florestal chamada H. B. Smith Company).
4. **The Triphammer** (lançado em 1885, nos Estados Unidos, pela Massey Harrey Cox) – É considerado o periódico pioneiro voltado aos colaboradores de uma empresa.

Outro marco foi a criação, em 1829, do setor de imprensa e relações públicas da Casa Branca e do primeiro periódico interno do governo dos Estados Unidos, o *The Globe*. Instituições científicas, como as universidades de Yale e de Harvard, e culturais, como o Circo Barnum, também seguiram esse movimento e passaram a divulgar ao público o que acontecia internamente. O dono do circo mencionado, por exemplo, costumava adquirir espaços em jornais e produzir panfletos para divulgar os espetáculos da companhia. Nesse contexto, começou a despontar a figura do jornalista que mediava as informações entre as organizações e a imprensa norte-americana, realizando a **ponte** entre elas. Esse profissional passou a ser chamado de *divulgador* e *agente de imprensa* (Ferraretto; Ferraretto, 2009).

Apesar de uma maior conscientização acerca da importância de se pensar em ações de comunicação voltadas aos diferentes públicos das organizações, a maioria dos empresários norte-americanos agia com indiferença em relação a eles. A célebre frase de William Henry Vanderbilt, um dos principais donos de ferrovias nos Estados Unidos, representa o posicionamento que ainda imperava entre os administradores da época. Em 1882, ele teria respondido às críticas de passageiros sobre a qualidade dos serviços de sua empresa com a seguinte frase: "**o público que se dane**" (Ferraretto; Ferraretto, 2009, p. 18, grifo nosso). Reflita: Como você acha que essa afirmação teria sido recebida pelos consumidores hoje? Muito provavelmente, Vanderbilt seria "cancelado", não é mesmo?

No século XX, a imprensa sindical adquiria relevância cada vez maior e havia, por parte da população, a exigência de mais transparência em relação às práticas organizacionais. Era o cenário propício para que jornalistas oferecessem seus serviços com o objetivo de representar empresas e mediar as relações com a imprensa. E foi exatamente isso que Ivy Lee, ex-jornalista de economia dos jornais

The New York Times, New York Journal e *New York World*, fez. Ele passou a oferecer um serviço inédito, que incluía a apuração, a elaboração e a divulgação de pautas relacionadas a organizações. Tais pautas, de interesse público, eram, então, enviadas aos veículos de comunicação para que jornalistas efetuassem a devida cobertura e as transformassem em notícias (Mafei, 2012). Em 1906, Lee divulgou à imprensa dos Estados Unidos um documento que ficou conhecido como sua *declaração de princípios*. Vamos dar uma olhada nesse documento?

> Este não é um departamento de imprensa secreto. Todo o nosso trabalho é feito às claras. Pretendemos divulgar notícias, e não distribuir anúncios. Se acharem que o nosso assunto ficaria melhor como matéria paga, não o publiquem. Nossa informação é exata. Maiores pormenores sobre qualquer questão serão dados prontamente e qualquer redator interessado será auxiliado, com o máximo prazer, na verificação direta de qualquer declaração de fato. Em resumo, nossos planos, com absoluta franqueza, para o bem da empresa e das instituições públicas, são divulgar à imprensa e aos públicos dos Estados Unidos, pronta e exatamente, informações relativas a assuntos com valor e interesse para o público. (Gurgel, 1985, p. 12 citado por Ferraretto; Ferraretto, 2009, p. 18)

Na Primeira e Segunda Guerras Mundiais, os países envolvidos tomaram a iniciativa de criar setores para divulgar informações estratégicas (Ferraretto; Ferraretto, 2009). Durante uma entrevista de 1977, o então editor das revistas *Fortune* e *Life*, John Jessup, revelou que, no início da década de 1930, cerca de 60% das matérias do jornal *The New York Times* provinham de pautas divulgadas pelos chamados **assessores de imprensa**[2]. Vejamos outra informação pertinente: segundo a pesquisadora norte-americana Monique Augras, em 1936, seis em cada 300 empresas contavam com serviços de assessoria de imprensa e relações públicas. Já em 1961, esse número passou de seis para 250 (Mafei, 2012).

Você deve estar se perguntando: "E no Brasil, em que pé estava a comunicação organizacional?". Podemos dizer, com base em registros históricos e em relatos de pesquisadores que se debruçaram em torno dessa temática, que três fatores contribuíram para o surgimento da assessoria de comunicação no país: (1) o **desenvolvimento econômico**, influenciado pelo estabelecimento de empresas públicas e privadas de grande porte; (2) os **avanços tecnológicos**; e (3) o **sistema autoritário** implantado depois de 1964 (Lima, 1985). Vejamos em mais detalhes este último fator.

Para compreender as motivações e as implicações da prática da assessoria de imprensa durante e após a ditadura militar, é preciso refletir um pouco sobre o papel da imprensa na sociedade. Sabemos que tudo o que é produzido e divulgado por veículos de comunicação costuma influenciar a opinião pública, certo? Como a imprensa tem a função de comunicar à população tudo o que seja relevante – e, portanto, de interesse público –, é de se esperar que confiemos

• • • • •

2   O assessor de imprensa é quem gerencia o relacionamento e o fluxo informacional entre as organizações e os veículos de comunicação (Duarte, 2011). Abordaremos as atribuições específicas desse profissional mais adiante.

nos veículos e nas notícias que eles divulgam. Uma matéria sobre a alta do dólar, produzida por uma emissora à qual se atribui credibilidade, pode, por exemplo, influenciar desde a decisão de uma família que deseja viajar para fora do país até as escolhas de um investidor que pretende realocar seus ativos financeiros. Conforme defende Rosenfield (2004), os meios de comunicação, ao construírem e disseminarem discursos da ordem do factual e dialogarem com a população, contribuem para a formação da consciência individual. Se as pessoas não confiarem na imprensa, cujo propósito está relacionado a valores como justiça, igualdade e bem comum, em quem poderão confiar?

Já durante o governo do presidente Getúlio Vargas, o **Departamento de Imprensa e Propaganda (DIP)**, comandado pelo jornalista Lourival Fontes, disseminava informações oficiais com o intuito de exercer controle ideológico sobre veículos de comunicação. Vale salientar que Fontes, que era admirador das estratégias de propaganda dos governos alemão e italiano, foi o responsável pela implantação da política pública que respaldava a atuação do DIP. Vejamos o que Azevedo Amaral, ideólogo do regime Vargas, alegou ao defender o surgimento do DIP: "Era preciso coordenar a imprensa com o Estado, a fim de que a primeira cooperasse eficazmente com o segundo, tornando-se um instrumento poderoso de defesa do bem público e de propulsão do progresso nacional" (Amaral, 1940 citado por Duarte, 2011, p. 54).

No período ditatorial, os governos continuaram se apropriando do poder de influência da imprensa para se beneficiarem de diversas formas. A **Assessoria Especial de Relações Públicas (Aerp)**, por exemplo, foi criada por meio de um decreto em 1968, durante o governo do Marechal Arthur da Costa e Silva, com o propósito de estabelecer um canal de comunicação com a sociedade brasileira (Gonçalves; Almeida; Oliveira, 2011). De acordo com Kunsch (1997, p. 26), "ela [a Aerp] funcionou como uma verdadeira agência de propaganda política, para 'vender' o regime autoritário de forma massiva, disfarçando a censura mais violenta que este país já teve".

Nesse período histórico, diversos profissionais costumavam ocupar, ao mesmo tempo, cargos em redações jornalísticas e em assessorias de imprensa públicas. Dessa forma, eles conseguiam tanto divulgar informações exclusivas, de cunho positivo, logicamente, sobre os governantes quanto impedir a publicação de notícias negativas e desfavoráveis a seus assessorados (Ferraretto; Ferraretto, 2009). Mafei (2012) revela, aliás, que os textos enviados à imprensa, de maneira geral, não continham fatos de interesse público, além de serem mal redigidos e repletos de adjetivos elogiosos aos governantes.

Nesse contexto, duas práticas eram comuns em relação ao trabalho jornalístico: (1) o **jetom**, que se caracterizava como um complemento salarial que as instituições públicas costumavam pagar a jornalistas para que estes realizassem uma cobertura noticiosa positiva e, portanto, favorável; e (2) o **jabaculê**, um presente especial entregue por fontes (geralmente, quantias em dinheiro). Tais atitudes, associadas ao controle de informações realizado por órgãos públicos, contribuíram para que os assessores de imprensa fossem vistos como bloqueadores do fluxo de comunicação, incompetentes e porta-vozes do autoritarismo (Duarte, 2011).

Rivaldo Chinem (2003, p. 30) faz uma observação bastante pertinente acerca do que se pensava sobre os assessores: "A imagem que se tinha era do porta-voz do general-presidente de plantão em Brasília, que falava em nome do chefe da caserna. O presidente, general de quatro estrelas, nunca falava, só mandava recado aos cidadãos utilizando a figura do porta-voz". Vale mencionar que, na época, muito pouco se divulgava sobre as atividades realizadas por empresas privadas.

Essa situação começou a mudar em razão de dois fatores: (1) a **redemocratização política**, a partir de 1985, e (2) a **instalação de empresas estrangeiras no Brasil**. A Volkswagen, por exemplo, criou, em 1961, um departamento de imprensa próprio denominado Unipress. Ela foi, portanto, a primeira a tomar essa iniciativa no setor privado (Mafei, 2012). Com o desenvolvimento econômico do país, a imprensa nacional passou a divulgar de maneira mais intensificada notícias ligadas a essa temática, o que, consequentemente, contribuiu para que um sinal de alerta acendesse dentro das organizações (Duarte, 2011). Afinal, se os veículos de comunicação estavam começando a dar espaço a ações empresariais, seria importante investir em assessores para mediar essa relação, não é mesmo?

Assim, podemos afirmar que, a partir da década de 1980, a procura de empresas por assessores de imprensa aumentou consideravelmente. Além de serem contratados para gerenciar o relacionamento entre as organizações e os veículos de comunicação, eles começaram a desenvolver produtos voltados para os públicos internos, como jornais, revistas e boletins corporativos. Esse período foi marcado pela migração de jornalistas que atuavam na imprensa para o departamento de comunicação de diversas empresas, já que houve um enxugamento de vagas nas redações dos veículos de comunicação. Desse modo, com as equipes limitadas, as redações passaram a necessitar mais do trabalho dos assessores de imprensa (Duarte, 2011).

Desde então, a atuação dos assessores de imprensa no contexto organizacional tem se tornado cada vez mais importante e estratégica. Faz muito mais sentido, aliás, falarmos num conceito mais abrangente: assessoria de comunicação. Isso porque, atualmente, o profissional responsável por gerenciar os processos comunicacionais de uma organização costuma atuar em atividades que vão além do estabelecimento de relacionamento com a imprensa. Tais atividades envolvem, por exemplo, a gestão de conteúdos em mídias *off-line* e *on-line* e o desenvolvimento de ações de marketing e de endomarketing. Aprofundaremos essas estratégias nos próximos capítulos deste livro.

Perguntas & respostas

Assessoria de imprensa e assessoria de comunicação são a mesma coisa?

A assessoria de imprensa é uma prática profissional que envolve a gestão do fluxo de informações e do relacionamento entre as organizações e os veículos de comunicação. A assessoria de comunicação também abarca essa atividade, mas é mais abrangente. Ela engloba, de maneira geral, a gestão do relacionamento entre as organizações e seus públicos de interesse, entre os quais estão os consumidores, os colaboradores, os fornecedores e a imprensa. Podemos dizer, então, que a assessoria de imprensa é uma das atividades desenvolvidas pelo assessor de comunicação.

2.3
Identidade *versus* imagem corporativa

Se perguntassem qual é sua identidade, o que você responderia? Essa é uma pergunta um tanto complexa, não? Você poderia falar de características suas, tais como sua personalidade, o estilo com que se veste e seus interesses. Poderia comentar, também, sobre os ideais em que acredita, sobre suas qualidades e sobre a história de sua vida.

Uma organização também tem uma identidade. Ela é um reflexo tangível da **personalidade** da instituição, sendo constituída por seus valores básicos e por suas características (Kunsch, 2003). Podemos considerar que a missão da organização (seu propósito, ou seja, a razão de sua existência) e seu histórico igualmente compõem a identidade corporativa. Conforme sintetiza Joan Costa (2001), ela abarca o que **a organização é, o que ela faz e o que ela diz que faz**. O autor detalha bem os aspectos tangíveis que constituem a identidade corporativa:

> Assim, a identidade corporativa consiste no que a organização efetivamente é: sua estrutura institucional fundadora, seu estatuto legal, o histórico do seu desenvolvimento ou

de sua trajetória, seus diretores, seu local, o organograma de atividades, suas filiais, seu capital e seu patrimônio. E, também, no que ela faz: todas as atividades que movem o sistema relacional e produtivo, compreendendo técnicas e métodos usados, linhas de produtos ou serviços, estruturas de preços e características de distribuição, num conjunto que está sancionado em forma de resultados comerciais e financeiros. (Costa, 2001 citado por Kunsch, 2003, p. 172)

Cees van Riel (1995) acredita que a identidade corporativa é a manifestação de um conjunto de características relacionadas à organização. São elas:

- **Comportamentos** – Referem-se às atitudes da organização.
- **Comunicação** – Tudo o que a organização diz que é e que faz.
- **Simbolismo** – Envolve os elementos visuais da organização, como nome, logotipo, fotos, cores empregadas e ícones.
- **Personalidade** – Abarca as intenções da organização e a maneira como reage a estímulos do ambiente externo.

Vale ressaltar que o último item elencado, a **personalidade**, pode ser definido, segundo Michael Solomon (2016) – autor que conduz pesquisas sobre o comportamento dos consumidores e é uma das maiores referências no assunto –, como o conjunto de traços psicológicos e comportamentais atribuídos a marcas como se estas fossem pessoas. É interessante, neste ponto, que você faça o seguinte exercício mental: **imagine que as empresas das quais você mais gosta são pessoas e tente descrever a personalidade**

delas. Elas são mais extrovertidas ou introvertidas? Mais falantes ou contidas? Comunicam-se de maneira mais formal ou descontraída? Quais valores são importantes para elas? Para que elas existem?

David Aaker (1997 citado por Solomon, 2016, p. 275) – teórico que costuma abordar, em seus estudos, a construção e a gestão de marcas – apresenta algumas dimensões psicológicas que nos ajudam a classificar a personalidade das marcas que conhecemos:

- resistente e atlética;
- animada e descolada;
- glamourosa e sensual;
- séria, inteligente e eficiente;
- antiga, tradicional e autêntica.

A **Adidas** é uma marca que demonstra sua identidade de maneira marcante e coerente. Dona de uma personalidade resistente e atlética, ela alega, em seu manifesto de marca, que a prática esportiva tem um papel relevante em toda a sociedade e cultura, sendo essencial tanto para a saúde quanto para a felicidade das pessoas. Considerando isso, a empresa afirma que direciona seus esforços para expandir as possibilidades humanas, incluir e unir pessoas e criar um mundo mais sustentável (Adidas, 2023). Até mesmo o *slogan* da marca – "Nada é impossível" – transmite a missão da empresa, não acha?

Todas as peças de comunicação da Adidas, desde as imagens presentes em seu *site* e nos pontos de venda físicos e virtuais até os conteúdos abordados nas redes sociais e nas campanhas publicitárias, transmitem a identidade da marca. Podemos dizer que os produtos lançados também, certo? Há uma ideia de dinamismo e ação em tudo o que a empresa faz e apresenta. Pois é justamente esta a premissa básica da gestão da identidade corporativa: todos os elementos tangíveis da organização devem demonstrá-la com clareza.

Se a identidade se refere às manifestações concretas de uma organização, o que seria a **imagem corporativa**? Segundo Costa (2001 citado por Kunsch, 2003, p. 171), "a imagem de [uma] empresa é a representação mental, no imaginário coletivo, de um conjunto de atributos e valores que funcionam como um estereótipo e determinam a conduta e opiniões desta coletividade". Podemos entender a imagem corporativa, então, como o conjunto de características que os públicos internos e externos da organização atribuem a ela. Trata-se da forma como esses públicos **percebem a identidade corporativa**. Costa (2001 citado por Kunsch, 2003, p. 171) acrescenta que ela é o resultado de fatores como percepções, deduções, projeções, experiências, emoções e sensações.

Isso quer dizer que todas as expectativas, percepções, opiniões e experiências dos públicos em relação a uma organização costumam influenciar na imagem corporativa. Esta, aliás, é **intangível, abstrata** e, em razão disso, **não pode ser controlada pela organização**. O único elemento que está sob o controle da instituição é a identidade corporativa.

A **Volvo** tem um *case* interessante a respeito da importância da imagem corporativa. Solomon (2016) nos conta que, há alguns anos, a empresa realiza ações de marketing com o intuito de se posicionar como uma fabricante de veículos atraentes, voluptuosos e sensuais.

Numa campanha, por exemplo, a marca utilizou o *slogan* "Lascívia, inveja, ciúme. Os perigos de um Volvo", fazendo alusão a aspectos que costumam estar relacionados à paixão. Em outra ocasião, ela associou cenas de movimento e ação – como um veículo da marca empurrando um helicóptero de um penhasco – com a expressão *sexo seguro*. Apesar desse esforço, pesquisas de mercado demonstraram que esse posicionamento não foi aceito pelos consumidores, já que a marca continua sendo associada a termos como *segurança* e *estabilidade*.

2.4
Comunicação organizacional integrada

Sabemos que a comunicação organizacional perpassa por toda a organização e viabiliza o funcionamento dela, certo? Para que isso aconteça da maneira esperada, existem diferentes esferas comunicacionais atuando de maneira sinérgica. Essas esferas foram propostas por Kunsch (2003) e constituem o que ela chama de *composto da comunicação organizacional integrada*. Cada uma das esferas em questão engloba atividades distintas, que atendem a objetivos diversos. De acordo com a autora, "A convergência de todas as atividades, com base numa política global, claramente definida, e nos objetivos gerais da organização, possibilitará ações estratégicas e táticas de comunicação mais pensadas e trabalhadas com vistas na eficácia" (Kunsch, 2003, p. 150).

O diagrama a seguir demonstra as quatro esferas englobadas pelo composto da comunicação organizacional integrada.

Figura 2.1 – Composto da comunicação organizacional integrada

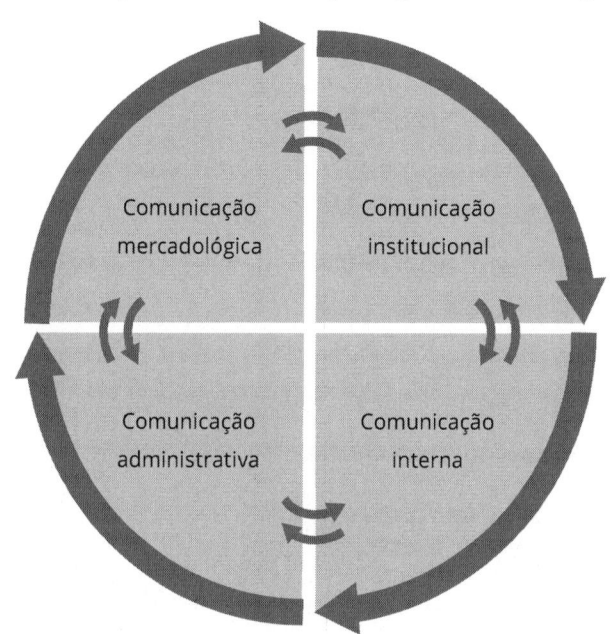

```
        Comunicação          Comunicação
        mercadológica        institucional


        Comunicação          Comunicação
        administrativa       interna
```

Fonte: Elaborado com base em Kunsch, 2003.

∴ Comunicação administrativa

Essa esfera comunicacional diz respeito às funções administrativas da organização. Por meio dela, os processos e os fluxos administrativos são comunicados e tomam forma. Nesse sentido, Kunsch (2003, p. 153) afirma que

> O fazer organizacional, no seu conjunto, transforma os recursos em produtos, serviços ou resultados. E para isso é fundamental e imprescindível valer-se da comunicação, que permeia

todo esse processo, viabilizando as ações pertinentes, por meio de um contínuo processamento de informações.

Quando o coordenador de determinado setor da empresa apresenta à sua equipe um novo fluxograma, ele está fazendo uso da comunicação administrativa. Nos momentos em que somos instruídos sobre algum processo específico ligado à organização ou até mesmo sobre uma atividade a ser realizada, estamos sendo beneficiados por essa esfera comunicacional. Vejamos outros exemplos de estratégias relacionadas à comunicação administrativa:

- manuais;
- comunicados corporativos;
- documentos e *e-mails* informativos;
- plataformas de comunicação corporativas.

∴ Comunicação mercadológica

Para obterem lucro, as empresas costumam comercializar produtos e serviços com as mais diversas características e utilidades. Para que os consumidores conheçam o que uma empresa oferece, é a comunicação mercadológica que entra em cena. Conforme esclarece Kunsch (2003, p. 162), ela "é responsável por toda a produção comunicativa em torno dos objetivos mercadológicos, tendo em vista a divulgação publicitária dos produtos ou serviços de uma empresa". Estratégias de comunicação mercadológica são fundamentais para gerar retorno financeiro a curto prazo para as organizações.

Somos, a todo momento, bombardeados por peças de comunicação mercadológica, não é mesmo? Por meio de anúncios publicitários na internet, descobrimos que determinado produto está com desconto. Mediante ligações telefônicas ou mensagens por WhatsApp, somos convidados a conhecer melhor as vantagens de um serviço específico. Essas ações são exemplos típicos de estratégias de comunicação mercadológica. Há, ainda, outras possibilidades:

- *merchandising*[3];
- marketing direto;
- *product placement*[4];
- marketing de influência;
- publicidade (*on-line* e *off-line*).

∴ Comunicação institucional

No que você pensa quando ouve ou lê o nome de uma marca da qual gosta? Provavelmente, em determinadas qualidades e benefícios, certo? Esses atributos, como já sabemos, dizem respeito à **imagem corporativa** da marca em questão. É justamente a comunicação institucional a responsável por fazer com que você pense dessa

• • • • •

3   O *merchandising* é uma estratégia que consiste em apresentar determinado(s) produto(s), bem como seu uso, num ponto de venda físico. A instalação de quiosques de marcas é um exemplo.
4   O *product placement* se constitui na apresentação de um produto de maneira indireta, sem que os consumidores percebam claramente que se trata de uma ação de marketing. No Brasil, essa estratégia é bastante usada por emissoras de televisão: em programas de entretenimento, é comum vermos apresentadores comentando sobre produtos de certas marcas. Já em telenovelas, tal ação é utilizada quando determinado personagem aparece em cena manuseando um produto específico.

forma. A **imagem positiva** em torno da marca da qual você gosta é construída, portanto, por meio de estratégias de comunicação institucional. Em termos práticos, podemos dizer que, ao longo dos anos, a empresa da qual você gosta tem feito uso de diversas ações para convencê-lo de que ela tem uma identidade significativa e de que seu propósito é relevante. O fato de você gostar dela é um sinal de que as ações de comunicação institucional empregadas geraram resultados positivos.

Conforme pontua Kunsch (2003, p. 165), "A Comunicação Institucional, por meio das relações públicas, enfatiza os aspectos relacionados com a missão, a visão, os valores e a filosofia da organização e contribui para o desenvolvimento do subsistema institucional, compreendido pela junção desses atributos".

Trata-se de um tipo de comunicação que vai na contramão da categoria que vimos anteriormente (a comunicação mercadológica), pois enfatiza a **identidade da empresa** para os públicos de interesse e gera **resultados intangíveis a longo prazo**. Mas por que esses resultados são intangíveis? Porque estão relacionados à **percepção** e às **opiniões dos consumidores**. A seguir, listamos as principais estratégias ligadas à comunicação institucional:

- assessoria de imprensa;
- marketing de conteúdo;
- jornalismo empresarial;
- propaganda institucional;
- eventos (*on-line* e *off-line*).

∴ Comunicação interna

Assim como é fundamental comunicar a identidade e a filosofia da organização para os públicos de interesse externos, é necessário fazê-lo também para os **públicos internos**, tais como colaboradores, fornecedores e sócios. Toda empresa deseja que seus colaboradores "vistam a camisa" da marca, concorda? Na prática, a principal consequência disso é uma sensação de **pertencimento** em relação à organização, o que faz com que os colaboradores tenham grande apreço por ela e a defendam entre as pessoas com as quais convivem. Conforme reitera Kunsch (2003, p. 159),

> O público interno é um público multiplicador. Na sua família e no seu convívio profissional e social, o empregado será um porta-voz da organização, de forma positiva ou negativa. Tudo dependerá do seu engajamento na empresa, da credibilidade que esta desperta nele e da confiança que ele tem em seus produtos ou serviços.

Aqui, é importante fazermos uma diferenciação: apesar de andarem de "mãos dadas", a comunicação interna e o endomarketing têm propósitos diferentes. Ao **endomarketing** cabem o planejamento e a execução de ações de marketing voltadas para os públicos internos. Já a comunicação interna – como o nome denuncia – é responsável por comunicar tais estratégias. Deve haver, então, uma integração entre essas duas áreas. A seguir, elencamos algumas estratégias que são bastante utilizadas no âmbito da comunicação interna. Observe que a maioria dos exemplos é semelhante aos da comunicação institucional, haja vista que o objetivo de ambas é similar (a não ser pelos públicos visados):

- treinamentos;
- marketing de conteúdo;
- eventos internos (*on-line* e *off-line*);
- jornalismo empresarial (ou *brand content*).

No próximo capítulo, analisaremos a fundo as características e os objetivos das principais estratégias empregadas no contexto da comunicação organizacional integrada. Além disso, você verá alguns exemplos relacionados ao bom uso de tais ações para que possa replicá-las em sua prática profissional.

Síntese

Iniciamos este capítulo apresentando os conceitos de *organização* e *comunicação organizacional*. O primeiro diz respeito a agrupamentos de pessoas com objetivos voltados para a satisfação de desejos e necessidades humanas. Por envolverem pessoas nos âmbitos interno e externo, as organizações são organismos vivos e estão, portanto, em constante processo de transformação.

Em seguida, abordamos a evolução histórica da assessoria de comunicação no Brasil e no mundo. No Brasil, especificamente, tal atividade profissional foi impulsionada, num primeiro momento, pela ditadura militar e, num segundo momento, pela redemocratização política e pelo estabelecimento de empresas públicas e privadas de grande porte no país. Examinamos, também, as diferenças entre os conceitos de *identidade* e *imagem corporativa*.

Por fim, analisamos o composto da comunicação organizacional integrada, que engloba quatro esferas comunicacionais: a comunicação administrativa, a comunicação mercadológica, a comunicação institucional e a comunicação interna. A primeira está relacionada aos processos e aos fluxos administrativos da organização; a segunda é responsável pela divulgação de produtos e serviços; a terceira contribui para a construção da reputação e da imagem da marca por meio da comunicação de sua identidade e de sua filosofia; a quarta visa ao engajamento dos públicos de interesse internos mediante ações de comunicação que enfocam os atributos e as iniciativas da organização.

No próximo capítulo, aprofundaremos nosso estudo sobre as estratégias de comunicação que costumam ser empregadas no âmbito das quatro esferas da comunicação organizacional integrada.

Questões para revisão

1. Que aspectos compõem a identidade e a imagem corporativas?

2. A comunicação organizacional integrada abrange quatro esferas comunicacionais que devem atuar de maneira sinérgica, paralelamente. Quais são os objetivos de cada uma dessas esferas?

3. No que diz respeito ao conceito de *organização*, analise as afirmativas a seguir e marque com V as verdadeiras e com F as falsas.

( ) As organizações englobam exclusivamente empresas privadas dos mais diversos segmentos.

( ) As organizações podem ser consideradas agrupamentos de pessoas com objetivos em comum.

( ) As organizações visam satisfazer desejos e necessidades humanas por meio de processos e fluxos administrativos bem estruturados.

( ) Uma organização pode ser considerada um organismo vivo, já que é influenciada por fatores tanto internos quanto externos.

( ) A política e o meio ambiente são exemplos de fatores internos que podem influenciar uma organização.

Assinale a alternativa que apresenta a sequência correta:

a) F, V, F, F, V.
b) V, F, F, V, V,
c) F, F, V, F, V.
d) V, V, F, V, F.
e) F, V, V, V, F.

4. Considerando o papel da comunicação no contexto organizacional, analise as afirmativas a seguir.

I) A comunicação permeia todas as esferas e setores de uma organização, viabilizando seu funcionamento.

II) A comunicação organizacional pode ser analisada tanto por um viés mercadológico quanto por uma ótica científica.

III) O composto da comunicação organizacional abarca a comunicação mercadológica e a comunicação institucional.

Assinale a alternativa que indica a(s) afirmativa(s) correta(s):

a) A afirmativa I, apenas.
b) As afirmativas I e II, apenas.
c) As afirmativas I e III, apenas.
d) As afirmativas II e III, apenas.
e) Todas as afirmativas estão corretas.

5. Sobre a evolução histórica da assessoria de comunicação no Brasil, assinale a alternativa **incorreta**:

a) Durante a ditadura militar, a assessoria de imprensa era uma estratégia empregada para favorecer os interesses dos governos vigentes.

b) A vinda de empresas estrangeiras contribuiu para a profissionalização da assessoria de comunicação no Brasil.

c) O jabaculê era uma prática que consistia no fornecimento de um complemento salarial a jornalistas cujas reportagens beneficiassem instituições públicas.

d) No período ditatorial, era comum jornalistas atuarem tanto em veículos de comunicação quanto em assessorias de comunicação governamentais.

e) A Volkswagen foi a primeira empresa do setor privado a criar um departamento de imprensa próprio.

Questão para reflexão

1. Escolha uma organização que você conhece e verifique de que maneira ela executa ações de comunicação ligadas às quatro esferas do composto da comunicação organizacional. Além disso, analise se as ações são empregadas de forma estratégica e integrada.

Capítulo 03

Estratégias de comunicação organizacional

Conteúdos do capítulo:

- Caracterização de estratégias de comunicação organizacional.
- Diferenças entre estratégias de comunicação mercadológica e comunicação institucional.

Após o estudo deste capítulo, você será capaz de:

1. compreender o propósito e as características de diferentes estratégias de comunicação organizacional;
2. empregar as estratégias abordadas em sua prática profissional.

No capítulo anterior, vimos que a comunicação organizacional permeia todas as esferas de uma empresa, viabilizando o funcionamento desta. Se consumimos os conteúdos de uma marca nas redes sociais e passamos a conhecer os produtos e os serviços que ela oferece, é porque a comunicação organizacional possibilitou isso. Se os colaboradores da empresa seguem processos e fluxos administrativos no trabalho, também. É a comunicação organizacional a grande responsável por comunicar para os públicos de interesse internos e externos tudo o que acontece dentro da empresa – tudo o que vale a pena comunicar, diga-se de passagem.

Para que isso aconteça de maneira adequada e eficaz, existe uma série de estratégias que costumam ser empregadas por organizações dos mais variados portes e segmentos. Essas estratégias contribuem para a concretização de objetivos de comunicação e de marketing a curto, médio e longo prazo. Iniciaremos nossa abordagem analisando as características de estratégias de comunicação mercadológica e, em seguida, aprofundaremos nosso estudo sobre a ações de comunicação institucional. Vamos lá?

3.1
Estratégias de comunicação mercadológica

Conforme vimos no capítulo anterior, a comunicação mercadológica é uma das esferas da comunicação organizacional integrada. Ela visa à obtenção de lucro por meio de estratégias que comunicam os produtos e os serviços de uma marca. Geralmente, os resultados são obtidos a curto prazo. Vejamos quais são as principais ações ligadas à comunicação mercadológica.

∴ Marketing direto

O marketing direto envolve uma série de iniciativas que são empregadas para atingir os consumidores de maneira direta, ou seja, sem intermediários (Kotler; Keller, 2018). Geralmente, os consumidores têm opiniões e posicionamentos extremos sobre ações de marketing direto: ou as amam ou as detestam. Isso se deve, principalmente, a uma abordagem de comunicação que costuma ser agressiva por parte das empresas, já que o objetivo é gerar uma ação lucrativa do(s) público(s)-alvo a curto prazo – a tão famosa *conversão*. O exemplo mais polêmico de marketing direto é, possivelmente, o *telemarketing*.

Exemplificando

Certa vez, recebi, num sábado de manhã, a ligação de uma escola de cursos livres que me marcou bastante. Inicialmente, o consultor de vendas utilizou uma abordagem gentil e interessada. Fez várias perguntas sobre a minha vida profissional e meus objetivos de carreira. Em seguida, ofereceu um serviço que estava sendo lançado pela empresa que ele representava. A partir do momento em que sinalizei que não estava interessado no serviço em questão, a abordagem do consultor mudou repentinamente. Ele passou a tentar me convencer insistentemente a adquirir a solução que havia me apresentado. Precisei reforçar várias vezes que não queria adquirir o serviço naquela ocasião.

Apesar de já ter ouvido falar do serviço que me foi apresentado durante a ligação telefônica, eu ainda não estava interessado em adquiri-lo. Claramente, eu não estava nas fases finais da jornada de compra – e não deveria, portanto, ter sido alvo daquela ligação.

Com base nesse relato, é importante que reflitamos sobre algumas questões:

- Até que ponto ações de marketing direto agressivas são efetivas?
- Existe uma abordagem ideal dependendo do público-alvo?
- Estratégias mais diretas devem ser usadas em fases iniciais ou finais da jornada de compra[1]?

---

1   Jornada de compra (ou funil de compra/venda) é o processo pelo qual o consumidor passa até adquirir determinado produto ou serviço. Esse processo apresenta várias etapas que conduzem à conversão (compra).

Desse modo, é preciso ponderar bem sobre o momento ideal para que uma ação de marketing direto seja empregada e sobre a abordagem mais adequada. Caso o momento e a abordagem sejam inapropriados, o efeito gerado no consumidor poderá ser bastante desagradável, o que fará com que ele chegue até mesmo a romper definitivamente com a marca. Por outro lado, se o marketing direto for usado na hora e da maneira certa (e com o público certo também), as chances de haver uma conversão serão altas.

Há, também, outros exemplos de estratégias mais diretas. Entre elas, podemos citar o uso de catálogos de vendas, mensagens enviadas por aplicativos de conversas instantâneas (como o WhatsApp), reuniões com consultores especializados (empresas de seguros costumam empregar essa abordagem) e uso de quiosques e *stands* em eventos.

∴ Merchandising

Você, provavelmente, já ficou com os olhos brilhando ao ver determinado produto exposto no ponto de venda físico, não é mesmo? Já deve, também, ter ficado inclinado a adquirir um produto depois de presenciar seu manejo pelo(a) vendedor(a). Expor produtos de maneira atrativa e estabelecer o modo como eles serão demonstrados para os consumidores são ações associadas ao que chamamos de *merchandising*.

Esta afirmação do pesquisador e professor Marcos Cobra (2009, p. 321) – um dos mais importantes pensadores do marketing no Brasil – representa bem em que consiste tal estratégia: "é colocar o produto certo, no lugar certo, no tempo certo, na exposição correta, no preço certo, na quantidade certa, e assim por diante". Nesse sentido, é fundamental que, ao planejarmos a exposição de produtos, pensemos nos seguintes aspectos:

- Que impacto queremos gerar nos consumidores?
- Para quais produtos queremos que eles olhem primeiramente?
- De que forma(s) podemos deixar a demonstração dos produtos mais atrativa?

Supermercados são exemplos de empresas que, geralmente, empregam essa estratégia de maneira bem planejada e eficaz. A localização dos corredores e a ordenação dos produtos nas prateleiras não são aleatórias. Muito pelo contrário: são estratégias que incentivam os consumidores a transitar nas lojas do modo que os gestores de marketing desejam, a fim de que enxerguem imediatamente os produtos que os gestores querem que sejam vistos. Somos persuadidos sem sequer percebermos!

Estratégias de comunicação organizacional

Figura 3.1 – Exposição de produtos em supermercados

Hitra/Shutterstock

Fascinadora/Shutterstock

No Brasil, é comum os consumidores acharem que o *merchandising* engloba a exibição de produtos em programas de televisão e telenovelas. Trata-se, na verdade, de estratégias diferentes. A exibição e a demonstração de produtos em mídias audiovisuais dizem respeito ao que chamamos de *product placement*. Por meio de ações de *merchandising*, produtos são exibidos e demonstrados de maneira **direta**. Já por meio do *product placement*, a exibição e a demonstração ocorrem **indiretamente**. De repente, algum personagem da história aparece utilizando determinado produto, o que desperta nossa curiosidade e nosso desejo. Consegue perceber a diferença?

∴ Publicidade

Nesta obra, faremos uma importante diferenciação entre os termos *publicidade* e *propaganda*. Em muitos livros técnicos e artigos científicos, essas palavras estão associadas. Aqui, todavia, nós as empregaremos separadamente. Logo você entenderá o porquê.

A **publicidade** consiste no ato de promover os produtos ou serviços de uma marca. Para isso, costumam ser utilizados princípios de persuasão (a arte do convencimento), tais como reciprocidade, validação social e escassez. Esses princípios embasam ações bastante exploradas por peças publicitárias, como promoções (descontos, ofertas, combos etc.) e entrega de brindes ou presentes. É importante que você tenha em mente que a publicidade é uma estratégia democrática: é possível empregá-la gastando tanto quantias significativas de dinheiro (mediante a compra de espaços e períodos em mídias tradicionais, como rádio, TV e *outdoors*) quanto valores mais modestos (por meio da veiculação de anúncios digitais em redes sociais). Além disso, podem ser explorados os mais variados formatos e mídias. Entre eles, podemos citar:

- *outdoors*;
- campanhas publicitárias sonoras (no rádio);
- campanhas publicitárias audiovisuais (no cinema e na TV);
- anúncios impressos (em revistas, jornais, *flyers*, *folders* etc.);
- anúncios digitais (em *sites*, *blogs*, *podcasts*, redes sociais, aplicativos etc.).

∴ Marketing de influência

O nome *marketing de influência* tem sido usado com uma frequência cada vez maior no mundo empresarial e em livros técnicos e científicos sobre marketing e comunicação. De acordo com Williamson (2016), trata-se do "marketing que identifica e ativa indivíduos que podem influenciar a preferência de marca, decisões de compra e lealdade da população em geral". Trocando em miúdos, o marketing de influência consiste em selecionar e estabelecer parcerias com influenciadores digitais que possam beneficiar a marca tanto em termos de retorno financeiro quanto no que diz respeito à lealdade por parte dos consumidores.

Essa é uma estratégia altamente eficaz para gerar visibilidade e influenciar na decisão de compra, visto que *digital influencers* são indivíduos com grande poder de persuasão. Um exemplo relevante ocorreu na ocasião da publicação do livro de ilustrações *A parte que falta*, da editora Companhia das Letras. A influenciadora Jout Jout gostou tanto da obra que decidiu lê-la na íntegra num dos vídeos de seu canal no YouTube. Logo em seguida, o livro passou a ocupar a primeira posição entre os mais vendidos da Amazon. Além disso, a livraria Saraiva vendeu mais de 1,4 mil unidades durante os três dias seguintes à postagem do vídeo da *youtuber* (Muraro, 2018). É importante ressaltar que a ação foi espontânea, ou seja, Jout Jout não foi contratada para criar e divulgar o conteúdo em questão.

Quando um *influencer* divulga determinado conteúdo – seja espontaneamente, seja por meio de uma parceria paga –, é como se ele emprestasse sua influência e audiência para a marca que o contratou, que passa a se beneficiar disso. Há, diga-se de passagem, várias categorias de influenciadores, que levam em conta o número de seguidores nas redes sociais. Vale destacar, também, que, segundo uma pesquisa realizada em 2022 pela YouPix (consultoria especializada em *creator economy*) e pela 99jobs (empresa de recrutamento inclusivo), o estabelecimento de parcerias com influenciadores é uma estratégia executada tanto por agências de comunicação e marketing quanto por agências especializadas em influência digital. Confira algumas orientações para firmar parcerias efetivas com *digital influencers*:

- **Selecione profissionais que tenham propósitos, valores e públicos semelhantes aos de sua marca** – Para que haja coerência, é fundamental que a empresa e o influenciador parceiro estejam alinhados em termos de posicionamento. Caso contrário, a ação será malsucedida e poderá, inclusive, prejudicar a credibilidade e a reputação da marca.

- **Experimente parcerias com influenciadores digitais de nichos específicos** – Influenciadores com milhares de seguidores custam caro e, em razão disso, acabam sendo inviáveis para algumas empresas. Nesses casos, fechar contrato com influenciadores de menor visibilidade pode ser uma solução alternativa e atrativa, dependendo do segmento de atuação, do posicionamento e do engajamento desses profissionais. Nanoinfluenciadores e microinfluenciadores, apesar de não contarem com tantos seguidores (entre mil e 100 mil), se comparados a megainfluenciadores e celebridades, apresentam altos níveis de engajamento, por exemplo (Kuak, 2018; Criscuolo, Monteiro; Navarro, 2017 citados por Terra, 2021).

- **Esclareça a natureza da parceria** – Ninguém gosta de ser enganado. Por isso, é fundamental que a empresa e/ou o *influencer* explicitem se a ação foi espontânea ou paga. Aliás, o Conselho Nacional de Autorregulamentação Publicitária (Conar) publicou, em 2021, um guia para orientar práticas de comunicação e de marketing a respeito disso. Vale a pena ler atentamente o documento[2].

- **Estabeleça os objetivos e avalie os resultados obtidos** – Nenhuma ação de comunicação e de marketing deve ser realizada sem estar a serviço de um objetivo. Com o marketing de influência, não é diferente. Antes de contratar influenciadores,

---

2 CONAR – Conselho Nacional de Autorregulamentação Publicitária. **Guia de publicidade por influenciadores digitais**: 2021. São Paulo, 2021. Disponível em: <http://conar.org.br/pdf/CONAR_Guia-de-Publicidade-Influenciadores_2021-03-11.pdf>. Acesso em: 29 mar. 2023.

estabeleça os objetivos que deseja alcançar. Depois da execução da ação, avalie os resultados para verificar a efetividade da estratégia empregada. Você pode utilizar indicadores como retorno sobre o investimento e alcance e engajamento nas redes sociais (comentários, menções, compartilhamentos, mensagens etc.), por exemplo.

3.2
Estratégias de comunicação institucional

Na contramão da primeira esfera comunicacional que vimos neste capítulo, a comunicação institucional almeja proporcionar credibilidade e autoridade a uma marca. Ela é cultivada dia após dia, gerando resultados a longo prazo. Tendo isso em vista, é necessário que façamos uma importante observação: quando uma marca é fortalecida ao longo do tempo e adquire uma reputação positiva, o retorno financeiro por parte dos consumidores vem, obviamente. Dessa forma, podemos dizer que os resultados de ações de comunicação institucional envolvem não só o fortalecimento da marca mas também a obtenção de lucro. A diferença em relação à comunicação mercadológica é que, na comunicação institucional, o retorno financeiro é um **objetivo secundário**. Ele é, na verdade, uma consequência que ocorre ao longo do tempo. Dito isso, vamos, agora, analisar as principais estratégias empregadas para fortalecer as marcas.

∴ Propaganda institucional

Entendemos que a propaganda, diferentemente da publicidade, tem um viés mais institucional. Ao passo que a publicidade objetiva comunicar as características e os diferenciais de produtos e serviços, a propaganda visa à transmissão de informações sobre a personalidade e a trajetória de uma empresa. Por meio dela, os consumidores conseguem conhecer e compreender o propósito, os valores, os objetivos e as conquistas da marca. Vejamos a perspectiva de Francisco Gracioso (1995, p. 23) a esse respeito:

> A propaganda institucional consiste na divulgação de mensagens pagas e assinadas pelo patrocinador, em veículos de comunicação de massa [e em canais de comunicação *on-line*], com o objetivo de criar, mudar ou reforçar imagens e atitudes mentais, tornando-as favoráveis à empresa patrocinadora. A publicidade institucional ganha cada vez mais espaço, exercendo muitas vezes um papel estratégico na construção de uma "marca" e de um conceito institucional.

Peças de propaganda revelam a essência de uma empresa por meio do que chamamos de *conceito*. Esse termo refere-se à mensagem que se deseja transmitir com a campanha. É o "pulo do gato", a "grande sacada" da propaganda! Nesse caso, assim como ocorre na publicidade, costumam ser empregados princípios de persuasão para convencer os consumidores sobre algo. A diferença é que, na propaganda institucional, esses princípios não são usados para persuadir os consumidores a comprar produtos ou serviços, e sim para convencê-los de que a marca é relevante e, por isso, precisa ser amada e seguida por eles. Enquanto a publicidade nos convence a comprar produtos e serviços, a propaganda institucional nos convence a comprar ideias.

O banco Itaú – cuja marca é considerada uma das que têm maior valor de mercado no Brasil – emprega a propaganda de maneira bastante atrativa. Durante a pandemia de Covid-19, a empresa veiculou peças de propaganda audiovisuais para falar sobre a importância de nos sentirmos esperançosos em relação às coisas boas que aconteceriam num futuro próximo. Se você assistiu às propagandas, sabe que foi difícil não se emocionar, não é mesmo? Com certeza, esses vídeos não sairão facilmente de nossa mente e contribuirão para que associemos a palavra *esperança* à marca Itaú.

Em 2022, a Nike, em comemoração aos 50 anos de sua existência, lançou a campanha *"Seen It All"*. Na peça de propaganda disponibilizada no YouTube, dois personagens (um homem idoso e uma mulher jovem) se enfrentam numa partida de xadrez. Ele, ao citar esportistas consagrados (patrocinados pela Nike), alega já ter visto tudo no mundo do esporte. Ela contraria o homem, dizendo que o melhor ainda está por vir (por conta de atletas que estão despontando na atualidade, como Rayssa Leal e Naomi Osaka). Ao longo do vídeo, são mostradas cenas icônicas da carreira de diversos esportistas de renome, intercaladas pelo confronto dos dois personagens no jogo de xadrez. A premissa da propaganda é demonstrar, portanto, que a marca celebra o passado, mas continua olhando para o futuro (Merigo, 2022). Foi uma "sacada" conceitual bastante interessante, não acha?

∴ Relações públicas

Cabe às relações públicas, como o nome já denuncia, estreitar o relacionamento entre a organização e seus públicos de interesse (Kunsch, 2003). Por *estreitar* entendamos conhecer a fundo as características, as dores, as necessidades, os anseios e os desejos desses públicos, bem como relacionar-se com eles mediante diferentes ações e canais de comunicação.

Para que essa aproximação ocorra, é possível lançar mão de uma série de estratégias. A primeira possibilidade é a **assessoria de imprensa**, que consiste no estabelecimento de um relacionamento entre as organizações e os veículos de comunicação com o intuito de divulgar informações institucionais que sejam de interesse público. Vamos nos debruçar sobre essa estratégia no próximo capítulo.

Outra estratégia bastante tradicional é o planejamento e a promoção de **eventos corporativos**, voltados para públicos tanto internos (colaboradores, sócios e fornecedores) quanto externos (consumidores, imprensa, formadores de opinião e *influencers*). Eventos propiciam a transmissão de informações e conhecimentos, o debate de ideias e a realização de *networking*. No contexto empresarial, especificamente, eles possibilitam:

- a divulgação de produtos e serviços;
- a divulgação de ações promocionais;
- o fechamento de negócios e parcerias profissionais;
- a construção de credibilidade, reputação e autoridade.

É comum que organizações dos segmentos educacional e editorial façam uso dessa estratégia. Simpósios, congressos, palestras e sessões de autógrafos de livros são alguns exemplos. Os eventos citados, além de possibilitarem a divulgação de conhecimentos e a promoção de debates e *networking*, contribuem indiretamente para a construção de uma reputação positiva e de autoridade.

Por parte de empresas do ramo de moda e vestuário, essa prática também é comum. Nesses segmentos, os tipos de eventos mais promovidos são coquetéis de lançamento (realizados principalmente por lojas de roupas) e os famosos desfiles de moda. Uma série que aborda, de maneira leve e divertida, o emprego de eventos por parte de marcas é *Emily em Paris* – disponível na plataforma de *streaming* Netflix. Repare, especialmente, nas estratégias que a protagonista da série, que atua como executiva de marketing na capital francesa, executa para tornar eventos presenciais atrativos num mundo em que os consumidores não desgrudam de seus *smartphones* e postam tudo nas redes sociais.

Figura 3.2 – Desfile de moda

alexander plonsky/Shutterstock

Na internet, também é possível explorar essa estratégia. No início da pandemia de Covid-19, em 2020, tivemos a oportunidade de assistir a *lives* de diversas empresas de varejo e de cantores dos mais diversos estilos musicais. Podemos dizer que houve até mesmo uma banalização dessa estratégia, haja vista a grande quantidade de *lives* promovidas no ápice da pandemia, não é mesmo?

Independentemente disso, é interessante que analisemos as ações e os recursos empregados para chamar a atenção do público nesses eventos. Durante as transmissões promovidas por cantores e bandas, pudemos vê-los em suas próprias residências e com suas famílias, o que gerou curiosidade e identificação por parte dos espectadores. Foram realizadas, também, ações promocionais (tais como sorteios) e de *product placement* (como o consumo de bebidas alcoólicas de marcas específicas por cantores e músicos durante os *shows*). Já nas *lives* de empresas de varejo, como a Magalu, tivemos a oportunidade de assistir a espetáculos repletos de cores, músicas e luzes, além de ofertas bastante atrativas.

∴ Marketing de conteúdo

Pense nas marcas que você acompanha na internet. O que elas comunicam é útil? Você consegue aprender algo com base nos conteúdos produzidos por elas? Se você respondeu "sim" a essas perguntas, é um sinal de que as marcas em questão utilizam o marketing de conteúdo como estratégia de comunicação organizacional.

Quem cunhou esse termo, em 2001, foi o executivo de marketing e pesquisador norte-americano Joe Pulizzi. Ele é o fundador do Content Marketing Institute (CMI), um instituto que promove o maior evento da área na América do Norte. Vejamos qual é a definição dele para a estratégia em questão:

> O Marketing de Conteúdo é o processo de marketing e de negócios para a criação e distribuição de conteúdo valioso e convincente para atrair, conquistar e envolver um público-alvo claramente definido e compreendido – com o objetivo de gerar uma ação lucrativa do cliente. Uma estratégia de Marketing de Conteúdo pode aproveitar todos os canais de história (impresso, online, pessoalmente, móvel, social e assim por diante); ser empregada em toda e qualquer fase do processo de compra, desde as estratégias voltadas para a atenção até as estratégias de retenção e fidelização; e inclui vários grupos de compra. (Pulizzi, 2016, p. 5)

Com base nessa importante elucidação de Pulizzi, podemos entender que o marketing de conteúdo objetiva incentivar a compra por parte dos consumidores, mas isso ocorre **indiretamente e a longo prazo**. O objetivo imediato é atrair e envolver os consumidores oferecendo conteúdos que lhes sejam úteis e significativos. Para essa finalidade, podem ser usados conteúdos e mídias diversas, tais como textos, vídeos, livros, revistas e *podcasts*. Aliás, o marketing de conteúdo também é conhecido por outras nomenclaturas, a saber:

- *mídia do cliente*;
- *estratégia de conteúdo*;
- *conteúdo de marca*;
- *mídia corporativa*;
- *jornalismo de marca*;
- *histórias de marca*.

Apesar de muitos acharem que o marketing de conteúdo eclodiu no contexto da midiatização (popularmente conhecida como *era digital*), ele é uma estratégia bem mais antiga. O primeiro registro de seu uso data de 1895, nos Estados Unidos. Na época, a empresa agrícola Deere & Company desenvolveu um periódico impresso chamado *The Furrow* com a intenção de ensinar os fazendeiros do país a utilizar as tecnologias agrícolas existentes para que eles prosperassem em seus negócios. Os textos presentes no material eram escritos por jornalistas e havia poucos anúncios publicitários (Pulizzi, 2016). Quer ver como era uma das primeiras edições do periódico?

Figura 3.3 – Edição do *The Furrow* de 1897

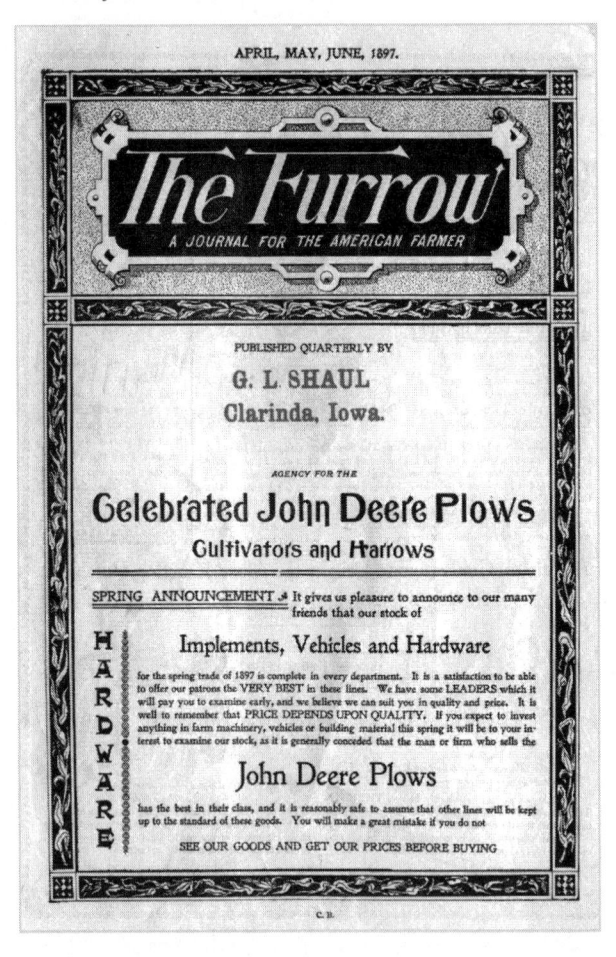

A estratégia da Deere & Company foi tão bem-sucedida que é empregada até hoje. A *The Furrow* é considerada a maior revista de agricultura em circulação no mundo, sendo entregue mensalmente para mais de 1,5 milhão de fazendeiros de 40 países (Pulizzi, 2016). Atualmente, há, também, uma versão digital da revista e um *blog* (John Deree, 2023).

Agora, confira algumas ações fundamentais para você desenvolver um planejamento de conteúdos efetivo:

- **Conheça a fundo o(s) público(s) de interesse da empresa** – Ates de criar conteúdos para uma marca, é imprescindível que você conheça o(s) público(s) dela. Uma maneira válida de fazer isso é mediante a construção de *personas*, que são personagens fictícios que representam os consumidores ideais de uma organização. Para construí-las, é recomendado que você colete, por meio de pesquisas, informações relacionadas ao perfil socioeconômico, às dores, às necessidades, aos principais interesses, aos hábitos de consumo e aos fatores de sucesso do(s) público(s). É necessário que você construa uma *persona* para cada grupo de consumidores da marca.

- **Estabeleça a jornada de compra do consumidor** – Em seu planejamento de conteúdos, você tem de definir os assuntos mais estratégicos para cada etapa da jornada de compra, com o intuito de gerar conexão emocional ao longo desse processo e incentivar a aquisição por parte dos consumidores. Em razão disso, é fundamental que você descubra quais são as fases pelas quais os públicos passam até decidirem adquirir os produtos ou serviços da empresa e se tornar clientes. A dica é oferecer conteúdos mais diferenciados e exclusivos à medida que os consumidores forem se envolvendo mais com a marca.

- **Explore diferentes formatos e mídias** – Conteúdo é conteúdo, independentemente do formato e da mídia escolhidos. Com base nas preferências dos consumidores, é possível explorar diferentes tipos e canais de comunicação, inclusive ao mesmo tempo. Lembre-se sempre desta premissa: as respostas sobre quais conteúdos produzir e como produzi-los estão sempre nas mãos dos consumidores. São eles que determinam os assuntos que deverão ser abordados, bem como os formatos e os canais de comunicação mais apropriados. Afinal, os conteúdos são destinados aos consumidores, certo?

∴ *Buzz* marketing

O burburinho positivo em torno de uma marca é importante para gerar visibilidade e atrair a atenção dos consumidores. No contexto do marketing e da comunicação organizacional, esse rumor é denominado *buzz marketing* (Pastore, 2018). Devemos ressaltar que o burburinho em torno de uma empresa pode ser gerado intencionalmente ou espontaneamente. Em alguns casos, um deslize cometido pela marca e até mesmo o lançamento de um produto podem gerar *buzz* marketing sem que isso tenha sido esperado ou planejado. Com a popularização do uso da internet, opiniões e fatos relacionados a uma organização podem ser disseminados pelo mundo em questão de minutos. Os *memes* são um grande exemplo disso.

Independentemente de o *buzz* marketing ser proposital ou espontâneo, devemos utilizar a instantaneidade da transmissão das informações no contexto da midiatização a favor de nossa marca ou da marca para a qual trabalhamos. Isso significa que precisamos incluir a estratégia em questão em nosso planejamento de marketing e pensar em ações que chamem a atenção do público e tenham potencial para viralizar.

O marketing de influência, que vimos anteriormente, é capaz de gerar burburinho em torno de uma marca, como houve no caso da *digital influencer* Jout Jout. Outra estratégia que pode ser uma aliada é o marketing de guerrilha, que consiste em chamar a atenção do público em geral por meio de ações de marketing inusitadas, que mobilizem os consumidores (Pastore, 2018).

Em 2021, o aplicativo de idiomas Duolingo conseguiu gerar *buzz marketing* ao projetar, por meio de *drones*, notificações gigantes nos prédios em que alguns ex-alunos do aplicativo residiam, na cidade de São Paulo. O objetivo era incentivar os ex-alunos da empresa a retomar seus estudos (Alves, 2021). A ação foi noticiada em diversos *sites* e portais de notícias sobre comunicação e marketing do país. Além disso, as reações dos ex-alunos foram filmadas e divulgadas no canal do YouTube da marca.

Síntese

Neste capítulo, tratamos das estratégias que costumam ser empregadas nos âmbitos da comunicação mercadológica (que visa à obtenção de lucro a curto prazo) e da comunicação institucional (que objetiva a construção de uma reputação positiva e o fortalecimento da marca a longo prazo). É importante ressaltar que as duas esferas comunicacionais são necessárias para a manutenção e o crescimento de uma organização, independentemente de seu porte e de seu segmento de atuação. Partindo-se desse pressuposto, é recomendado que ações de comunicação mercadológica e institucional sejam realizadas de maneira paralela e integrada.

Ao longo do capítulo, abordamos oito estratégias. Examinamos suas especificidades e seus objetivos, além de verificarmos sua aplicabilidade por meio de exemplos relevantes. No próximo capítulo, teremos como foco uma das mais importantes estratégias ligadas à comunicação organizacional: a assessoria de imprensa. Veremos suas características e implicações práticas, bem como seus principais objetivos e instrumentos.

Questões para revisão

1. Cite e caracterize duas estratégias de comunicação mercadológica.

2. Cite e caracterize duas estratégias de comunicação institucional.

3. Considerando as estratégias de comunicação mercadológica e institucional abordadas, analise as afirmativas a seguir e marque com V as verdadeiras e com F as falsas.
    ( ) Tanto a publicidade quanto a propaganda contribuem diretamente para a construção de uma reputação positiva em relação à organização.
    ( ) O marketing de conteúdo consiste na produção e na divulgação de conteúdos relevantes no ambiente *on-line*, exclusivamente.
    ( ) O estabelecimento de parcerias com influenciadores digitais pode ser considerada uma ação tanto de marketing de influência quanto de *buzz* marketing.

( ) No marketing direto, o contato com o consumidor é feito sem intermediários.

( ) Enquanto no *merchandising* produtos são expostos e demonstrados diretamente, em ações de *product placement* isso ocorre de maneira indireta.

Assinale a alternativa que apresenta a sequência correta:

a) F, F, V, F, V.
b) V, F, F, V, V.
c) F, F, V, V, V.
d) F, F, V, F, F.
e) V, F, V, V, V.

4. No que tange às estratégias que visam à construção de reputação e ao fortalecimento de marcas, analise as afirmativas a seguir.

I) Os objetivos ligados à comunicação institucional costumam ser concretizados em longo prazo.

II) Apesar de contribuírem para a construção de autoridade por parte da marca, ações de comunicação institucional também podem gerar retorno financeiro.

III) A comunicação institucional pode ser viabilizada por ações *on-line* e *off-line*.

Assinale a alternativa que indica a(s) afirmativa(s) correta(s):

a) A afirmativa I, apenas.
b) As afirmativas I e II, apenas.
c) As afirmativas I e III, apenas.
d) As afirmativas II e III, apenas.
e) Todas as afirmativas estão corretas.

5. Leia as afirmativas a seguir e analise a relação proposta entre elas.

   I) Ações de comunicação mercadológica e de comunicação institucional devem ser conduzidas de maneira paralela e integrada,

   PORQUE

   II) tanto uma quanto a outra apresentam propósitos relevantes no contexto da comunicação organizacional.

   Agora, assinale a alternativa correta:

   a) As afirmativas I e II são falsas.
   b) A afirmativa I é verdadeira, e a II é falsa.
   c) A afirmativa II é verdadeira, e a I é falsa.
   d) As afirmativas I e II são verdadeiras, e a II justifica a I.
   e) As afirmativas I e II são verdadeiras, mas a II não justifica a I.

Questão para reflexão

1. Pesquise *cases* envolvendo o uso de estratégias de comunicação mercadológica e de comunicação institucional (pelo menos uma estratégia para cada esfera comunicacional) e verifique como foram empregadas na prática. Relate brevemente sua análise.

Capítulo 04

Relacionamento com a mídia

Conteúdos do capítulo:

- Caracterização da assessoria de imprensa como atividade e estratégia ligada à comunicação institucional.
- Técnicas e instrumentos empregados pelo assessor de imprensa.
- Tipos de assessorias: política, cultural e de celebridades ou influenciadores

Após o estudo deste capítulo, você será capaz de:

1. compreender a importância da assessoria de imprensa no âmbito da comunicação organizacional;
2. reconhecer e empregar técnicas e instrumentos relacionados a essa atividade profissional.

No capítulo anterior, apresentamos diversas possibilidades de colocar em prática objetivos de comunicação mercadológica e de comunicação institucional. Analisamos estratégias que costumam gerar resultados tanto em termos de retorno financeiro quanto em termos de reconhecimento e fortalecimento de marca. Aliás, é importante que você já comece a pensar nas estratégias mais adequadas para sua marca (ou para a marca com a qual trabalha), pois em breve veremos como elaborar um planejamento de comunicação integrada.

Uma das ações de relações públicas mais empregadas no âmbito da comunicação organizacional é a **assessoria de imprensa**. Em síntese, podemos afirmar que ela é calcada no relacionamento entre as organizações e os veículos de comunicação. É natural que, ao refletirmos sobre tal atividade, venham à nossa mente perguntas como: "Em que consiste esse relacionamento?"; "Para que propósitos ele serve?"; "Quais são os instrumentos utilizados pelo assessor de imprensa?"; "O relacionamento entre as marcas e a imprensa costuma ser pacífico?". Esses questionamentos são pertinentes ao assunto e serão esclarecidos no presente capítulo.

4.1
A importância da assessoria de imprensa

Imaginemos a seguinte situação: uma empresa da qual você é cliente está almejando aumentar sua margem de lucro e tornar-se referência em seu segmento de atuação. Para isso, a diretoria desenvolveu um planejamento de comunicação que integra ações de comunicação mercadológica e institucional. A empresa em questão tem a responsabilidade socioambiental como um de seus valores principais: fabrica produtos que agridem minimamente o meio ambiente, economiza recursos naturais nos processos de produção e patrocina eventos e iniciativas que incentivam a prática de atividades físicas e respeito às diferenças. Uma das estratégias escolhidas no planejamento foi a assessoria de imprensa, o que nos leva à seguinte pergunta: **De que maneira(s) essa ação pode ajudar a marca a crescer?**

Para começarmos a responder a essa pergunta, é importante que tragamos para nossa conversa o pesquisador brasileiro Jorge Duarte (2011, p. 51), segundo o qual a assessoria de imprensa envolve "a gestão do relacionamento e dos fluxos de informação entre fontes de informação e imprensa. [Ela] busca, essencialmente, atender às demandas por informação relacionadas a uma organização ou fonte em particular".

Essas **fontes de informação** a que Duarte se refere costumam estar ligadas a empresas dos mais variados portes e segmentos. Podemos afirmar, então, que a assessoria de imprensa realiza a

mediação entre as organizações e os veículos de comunicação. Isso significa que, quando lemos uma reportagem que menciona determinada marca ou dá voz a uma fonte relacionada a ela, provavelmente o assessor de imprensa entrou em cena e contribuiu para a obtenção desse resultado.

Outra pergunta que precisamos fazer é: Para que é importante que uma empresa apareça na imprensa? Agora, acionaremos a pesquisadora Margarida Kunsch (2003) para nos ajudar. Para ela, "No contexto da comunicação institucional, a assessoria de imprensa é uma das ferramentas essenciais na mediação das organizações com o grande público, a opinião pública e a sociedade" (Kunsch, 2003, p. 169). Você se lembra do que discutimos no primeiro capítulo? A imprensa tem o enorme poder de influenciar a opinião pública. O que achamos sobre determinados fatos é direta e indiretamente influenciado pelo que é veiculado nos meios de comunicação. Quando um jornalista de renome emite uma opinião sobre um tema ou quando um veículo decide abordar um assunto específico sobre determinado viés ideológico, a opinião pública acaba sendo influenciada.

Nesse sentido, quando uma marca é citada numa matéria jornalística, o que se fala sobre ela pode impactar positiva ou negativamente a população. Reflita: se você tem acesso a reportagens que retratam determinada marca de maneira positiva, isso, possivelmente, vai influenciar sua visão sobre ela, concorda? O mesmo vale quando ocorre o contrário: se uma empresa "pisa na bola" e é exposta negativamente na imprensa, a opinião que você tem sobre ela será impactada por tudo o que você leu, viu e ouviu a respeito dela. A **reputação** de uma marca é o resultado de **tudo o que se fala sobre ela**, inclusive nos veículos de comunicação. E é justamente o assessor de imprensa o profissional responsável por gerenciar o que a imprensa divulga sobre uma marca. Percebeu a importância que essa atividade profissional tem no âmbito da comunicação organizacional?

Retomando a pergunta do início desta seção, referente à situação hipotética apresentada – De que maneira(s) a assessoria de imprensa pode ajudar a marca a crescer? –, podemos afirmar que a estratégia em questão ajudará a projetar positivamente a marca para o grande público, contribuindo para que ela seja bem-vista pelos consumidores. Esse fator, por sua vez, impactará positivamente a **construção da reputação e da autoridade** da marca em questão. Partindo da premissa de que o assessor de imprensa gerencia o relacionamento entre a empresa e os veículos de comunicação, fazendo a **ponte** entre eles, vejamos quais são as atividades que esse profissional realiza em sua prática diária.

∴ Estabelecimento de relacionamento com jornalistas e formadores de opinião

Essa é, sem dúvida, a principal atividade conduzida pelo assessor de imprensa. É o relacionamento efetivo com jornalistas e formadores de opinião (colunistas, articulistas, comunicadores, *influencers* etc.), calcado em valores como respeito, parceria e transparência, que possibilitará a veiculação de pautas relevantes tanto para a imprensa quanto para a organização.

Para construir um relacionamento sólido com profissionais da imprensa, é necessário conhecê-los (se possível, pessoalmente), bem como suas necessidades profissionais e suas rotinas produtivas. Se o profissional deseja emplacar pautas na imprensa, é recomendado que ele saiba quais são os veículos de comunicação cujas linhas editoriais são aderentes aos temas contemplados. Além disso, é fundamental ficar por dentro dos processos internos desses veículos: quais são os horários de trabalho dos jornalistas, os dias e períodos mais apropriados para enviar pautas e entrar em contato, os formatos de pautas mais adequados, entre outros.

∴ Produção de textos informativos

Essa é uma atividade técnica, mas não menos importante. Consiste em redigir textos que relatem fatos relacionados à empresa e que sejam de interesse público. Chamados de *releases*, esses textos precisam explicitar, de maneira clara e objetiva, as principais informações sobre determinado fato. O objetivo é munir os jornalistas com informações necessárias para que produzam matérias e reportagens. Abordaremos mais detalhadamente as características desse tipo de texto na Seção 4.2.

∴ Acompanhamento de pautas (*follow up*)

Sempre que uma sugestão de pauta é enviada para jornalistas, é importante acompanhar todo o processo de publicação ou exibição da matéria ou reportagem originada a partir do material.

Por meio desse acompanhamento (conhecido também como *follow up*), é possível verificar se o jornalista necessita de alguma informação complementar ou sugestão de entrevista sobre o tema, por exemplo. Caso ele entre em contato para solicitar algo, a agilidade na resposta é fundamental para o bom andamento do processo, já que, no jornalismo diário, o ineditismo é prioridade na divulgação de notícias.

∴ Produção de conteúdos para canais de comunicação da empresa

Além de estabelecer e manter relacionamento com jornalistas para que a organização tenha uma boa visibilidade na imprensa, é imprescindível que o assessor de imprensa alimente canais de comunicação próprios com conteúdos variados. Nomeada como *jornalismo empresarial* ou *brand content* (em português, "conteúdo de marca"), essa prática também contribui para a construção de uma reputação positiva e de autoridade.

É possível produzir e postar matérias, reportagens e artigos tanto em canais de comunicação próprios, como *sites*, *blogs*, intranet e *newsletters*, quanto em plataformas terceirizadas, como redes sociais e aplicativos de compartilhamento de vídeos e áudios, por exemplo. O que, ou melhor, **quem** vai definir os canais de comunicação a serem utilizados é o público-alvo da marca. Por isso, é preciso divulgar conteúdos nos canais de comunicação que esse público costuma utilizar.

Exemplificando

Numa empresa em que trabalhei por vários anos, eu e os demais integrantes do Departamento de Marketing encabeçamos um projeto que ilustra bem a estratégia descrita: para informar os colaboradores acerca das novidades da organização, desenvolvemos uma *newsletter* com pequenos textos. Esse material era enviado semanalmente aos colaboradores por *e-mail*. Com a intenção de incentivar a leitura e engajar os colaboradores, promovíamos desafios entre os setores da empresa. Quem vencia os desafios ganhava presentes personalizados. Numa dessas ações, presenteamos os colaboradores com canecas contendo a logo e o símbolo da marca. A estratégia foi um sucesso!

4.2
Técnicas e instrumentos

Para que o relacionamento com a mídia seja estabelecido de maneira efetiva e os resultados sejam significativos, o assessor de imprensa conta com técnicas e instrumentos indispensáveis em seu dia a dia. Veremos cada um deles a seguir.

∴ Release

Mafei (2012), no livro *Assessoria de imprensa: como se relacionar com a mídia*, afirma que o *release* é o símbolo por excelência da atividade profissional em questão. Segundo a autora, esse instrumento foi criado por Ivy Lee e significa "informação liberada para a imprensa" (Mafei, 2012, p. 69). Como vimos na seção anterior, trata-se de um texto que apresenta informações importantes sobre determinado fato relacionado à organização para a qual o assessor trabalha. O objetivo do *release* é munir os jornalistas e os formadores de opinião com as informações necessárias para que eles produzam e divulguem notícias.

Mas será que todo e qualquer fato ligado à organização pode ser divulgado para a imprensa e virar notícia? A resposta é "não". Para que um fato seja relatado por meio de um *release,* é preciso levar em conta alguns critérios que os jornalistas costumam usar para selecionar as notícias que vão divulgar. A esses critérios damos o nome de **valores-notícia**. Alguns deles são: atualidade, novidade/ineditismo, proximidade e relevância/interesse público. Em termos práticos, para que um fato vire notícia, ele precisa corresponder à maioria desses critérios. Confira algumas ações empresariais que, geralmente, são noticiadas pela imprensa:

- eventos abertos ao público;
- lançamento de produtos/serviços inovadores;
- crises de diversas ordens envolvendo a organização;
- negociações/aquisições que impactem o grande público;
- patrocínio de ações de impacto social (maratonas, mutirões, feiras de emprego/estágio etc.).

O texto do *release* tem de ser objetivo e claro, visto que, depois de lê-lo, o jornalista precisa ter uma ideia geral do fato e das implicações dele. É importante, então, que o *release* responda às seguintes perguntas sobre o fato em questão:

- O que aconteceu/vai acontecer?
- Quando?
- Onde?
- Como?
- Quem está envolvido?
- Por que aconteceu?

É recomendado que o texto não seja nem muito sucinto, nem muito extenso. Ele deve ser **preciso e direto ao ponto**. Vejamos as recomendações de Mafei (2012, p. 69) para a produção de *releases*:

> O primeiro parágrafo do *press release* deve concentrar as informações que você publicaria, caso estivesse no lugar do repórter ou editor. Pense em você do outro lado do balcão, com a missão de redigir ou veicular um texto. Pense no que é notícia, no que é novo, no que é de interesse de um maior número de leitores. Depois de anunciado o tema principal, o *press release* deve trazer informações sobre a organização, entidade ou empresa que está por trás daquela veiculação específica, de modo a dar credibilidade e sustentação à divulgação. Lembre-se: *press release* não é *folder* de propaganda. Os dados apresentados têm como único objetivo ajudar o jornalista a se pautar. Também não é notícia, porque serve para informar e não para ser publicado.

Existe, também, a possibilidade de se enviarem à imprensa **artigos de opinião** escritos por porta-vozes[1] da organização. Mediante esses textos, representantes da empresa podem emitir suas opiniões sobre fatos da atualidade relacionados à sua atuação profissional e/ou à função na empresa. Produzir *releases* de opinião é uma alternativa bastante interessante para sugerir entrevistas para matérias e reportagens jornalísticas. Dessa maneira, a organização é promovida indiretamente, já que seus porta-vozes são citados na imprensa e, consequentemente, passam a ser vistos como autoridades em relação aos assuntos que abordam. Isso, em termos de credibilidade, é ótimo!

∴ Press kit

Como o nome sugere, o *press kit* é uma espécie de combo contendo informações e materiais que são relevantes para jornalistas e formadores de opinião. Esse *kit* pode ser entregue presencial ou digitalmente. A versão digital, de acordo Mafei (2012, p. 67), deve conter "os textos principais sobre o assessorado, o conjunto de informações básicas sobre sua *performance*, sua atividade, seu histórico, inserção no segmento, índices de desempenho (faturamento, locais em que atua, setores aos quais se dedica etc.), ações de responsabilidade social e outros".

Já a versão *off-line* pode incluir produtos e/ou amostras de produtos que se deseja enviar para a imprensa.

• • • • •

1   Os porta-vozes são integrantes de uma organização escolhidos para representá-la publicamente, na imprensa. Em geral, esse papel é desempenhado por sócios, diretores, gestores e advogados da organização.

∴ Mailing

O *mailing* pode ser considerado o maior ativo do assessor de imprensa. Ele é, sem dúvida, a pedra preciosa que esse profissional lapida constantemente em sua vida profissional. Trata-se da rede de contatos que ele constrói ao longo do tempo. Essa rede possibilita que ele estabeleça e mantenha relacionamento com jornalistas e formadores de opinião que são considerados relevantes para seu trabalho.

É imprescindível organizar o *mailing* de modo que os profissionais sejam identificados de acordo com critérios como **segmentos de atuação**, **editorias** e **veículos de comunicação**. Além disso, a rede de contatos deve estar sempre atualizada, pois a rotatividade de jornalistas em veículos de comunicação costuma ser grande.

∴ Media training

Conceder entrevistas para a imprensa é uma tarefa desafiadora, pois envolve o uso de habilidades como comunicação oral, raciocínio lógico, argumentação, *storytelling* e capacidade de síntese. Por isso, é necessário que os porta-vozes da organização estejam bem preparados para desempenhar tal atividade e contribuir para que a marca representada seja projetada positivamente.

O *media training* é justamente o treinamento que possibilita que os porta-vozes sejam capacitados para se comunicarem com jornalistas. Durante aulas teóricas e práticas, eles "Aprendem a lidar com microfones e câmeras, a identificarem o que é notícia, a serem objetivos, claros e diretos. Enfim, aprendem a falar com o jornalista em linguagem jornalística" (Mafei, 2012, p. 71). O *media training* pode ser conduzido tanto por assessores de imprensa da própria organização quanto por profissionais de comunicação externos que oferecem esse serviço.

Exemplificando

Certa vez, eu e duas assessoras de imprensa viajamos para uma cidade do interior do Paraná para capacitar gestores públicos locais. Num primeiro momento, eles participaram de palestras e debates para compreender as principais atividades desempenhadas pela imprensa. Em seguida, promovemos oficinas em que eram simuladas entrevistas ao vivo para a TV. Nessas oficinas, os participantes se posicionavam à frente de uma câmera de vídeo e respondiam a diversas perguntas. Ao longo do dia em que o treinamento ocorreu, percebemos uma evolução significativa no desempenho dos gestores públicos em relação às habilidades exigidas para a comunicação com a imprensa.

Exemplo prático

Depoimento de Adriane Werner, jornalista e facilitadora de treinamentos e mentorias em oratória e comunicação pessoal e para a imprensa.

Em 2022, completei 30 anos de atuação no jornalismo. Sempre tive um certo flerte com a assessoria de imprensa, mas, em alguns momentos de minha carreira, ela foi preponderante. Enquanto trabalhava na TV (de 1991 a 2008), fiz trabalhos pontuais de assessoria. Em 2008, saí para me dedicar às atividades empreendedoras. Minha empresa é de assessoria e treinamentos em comunicação. Atualmente, meu foco são os treinamentos e mentorias em oratória, *media training* e comunicação pessoal em geral.

Dizem que o medo de falar em público é um dos maiores do ser humano. Diversas pesquisas embasam isso. Então, meu maior desafio é ajudar as pessoas a desbloquear esse medo, auxiliando-as a trabalhar nos campos emocional, físico e racional. Meu trabalho é bastante baseado na psicologia, especialmente na terapia corporal (reichiana). Além disso, trago referências de trabalhos de expressão corporal, por ter estudado teatro, e de preparação vocal, por ser também cantora e estudar muito os assuntos de técnica vocal.

Figura 4.1 – Adriane Werner em treinamentos de oratória

⁝ Entrevista coletiva

Trata-se de um encontro convocado pelo assessor de imprensa para divulgar informações sobre um fato relevante relacionado à empresa. Conforme explica Mafei (2012), a diferença dessa estratégia em relação ao envio de *releases* é justamente a relevância do fato ou das informações a serem divulgadas. No caso da entrevista coletiva, o assunto precisa ser de grande impacto para a população, justificando, assim, a cobertura da imprensa.

Em entrevistas coletivas (popularmente conhecidas como *coletivas de imprensa*), os jornalistas são convidados por assessores a comparecer em local e horário específicos. Durante o encontro, são divulgadas informações pertinentes ao fato abordado e existe a possibilidade de porta-vozes da organização serem entrevistados por jornalistas.

Figura 4.2 – Coletiva de imprensa

Sharomka/Shutterstock

Essa prática é, geralmente, retratada em filmes e séries. Aposto que você se lembra de alguma cena que mostre jornalistas levantando a mão num auditório antes de fazer uma pergunta para o entrevistado, que, provavelmente, está sentado a uma mesa com outros profissionais. Veja algumas situações que justificam a realização de entrevistas coletivas:

- fusão ou aquisição de empresas;
- divulgação do resultado de prêmios;
- contratação de atores ou celebridades;
- lançamento de produtos ou serviços inovadores;
- esclarecimentos sobre polêmicas ou boatos ligados à empresa.

Para saber mais

SUCCESSION. Criação: Jesse Armstrong. Estados Unidos: HBO, 2018-. 4 temporadas.

Nessa série – que está disponível na plataforma de *streaming* HBO Max –, podemos ver vários exemplos de ações de assessoria de imprensa na prática. Em diversas cenas, a assessora Karolina (Dagmara Dominczyk) fala sobre a elaboração de *releases* e orienta os porta-vozes do conglomerado de empresas de mídia Waystar Royco sobre como eles devem se comunicar com a imprensa. Uma das cenas mais importantes e icônicas da segunda temporada é, aliás, uma coletiva de imprensa em que Kendall (Jeremy Strong) realiza um pronunciamento sobre a gestão problemática do pai à frente das empresas da família.

∴ Clipagem

Consiste no ato de avaliar os resultados obtidos com base nas ações da assessoria de imprensa. Engana-se quem pensa que o *clipping* (relatório gerado por meio da clipagem) contém apenas cópias ou *prints* dos materiais que foram veiculados na imprensa a respeito da organização. A clipagem vai muito além disso, pois deve embasar o planejamento das ações que serão realizadas futuramente. Em razão disso, é importante que sejam levantadas informações correspondentes a indicadores de mensuração como:

- público potencial do veículo de comunicação;
- abrangência do veículo de comunicação (local, regional, nacional ou internacional);
- espaço e tempo dedicados à exposição na mídia;
- tom da mensagem (positivo ou negativo);
- valoração financeira (em média) da exposição na imprensa.

Para que a valoração da exposição na imprensa seja calculada, é necessário saber os valores que o veículo de comunicação costuma cobrar para a veiculação de anúncios publicitários e verificar, em seguida, o destaque atribuído à mensagem jornalística que menciona a marca em questão. Dessa forma, consegue-se saber quanto se deveria desembolsar, em média, para veicular um anúncio que ocupasse o mesmo espaço destinado à matéria ou reportagem jornalística.

4.3
Tipos de assessorias

Embaixo do grande guarda-chuva das organizações, há áreas de atuação distintas, que requerem conhecimentos e práticas específicas por parte do assessor de imprensa. Nesta seção, vamos nos concentrar nas características de quatro delas: as assessorias política, cultural, gastronômica e de celebridades/influenciadores.

∴ Assessoria política

Apesar de ser uma das vertentes da assessoria de imprensa, a assessoria política é uma área bastante ampla. Acima de tudo, é importante entender que um assessor político pode atuar em frentes que envolvem o chamado *poder público*, que abarca os Poderes Legislativo, Executivo e Judiciário. Assim, ele pode, por exemplo, gerenciar as ações de comunicação de campanhas eleitorais para determinados candidatos, atuar, de maneira concursada ou comissionada, em órgãos, instituições e empresas públicas ou prestar serviços pontuais como profissional autônomo.

Quando se trata da atuação nos Poderes Legislativo, Executivo e Judiciário, é comum que, dada a relevância pública de cada uma dessas áreas, a imprensa venha até o assessor para cobrar posicionamentos por parte do assessorado. Considerando-se isso, cabe ao assessor de imprensa capacitar constantemente o gestor público para que este se comunique de maneira clara e coerente com jornalistas. Assim, o *media training* costuma ser uma estratégia bastante empregada no dia a dia do assessor que atua na área pública.

Além de contar com a mediação de jornalistas para esclarecer a população sobre ações e posicionamentos de interesse público, quem assessora gestores públicos pode fazer isso de maneira direta, sem intermediários. As redes sociais são canais de comunicação que também podem ser gerenciados por assessores de imprensa que desejam construir uma carreira na área pública. A produção de textos, matérias, vídeos e fotos é uma das atividades executadas por esses profissionais. Se você tem vontade de atuar com assessoria política, observe algumas dicas importantes:

- **Seja ágil** – Quando a imprensa entrar em contato para solicitar informações ou posicionamentos, responda prontamente. Como o trabalho do gestor público é de grande relevância social, ações e declarações precisam ser divulgadas para a população o mais rápido possível.
- **Estabeleça um relacionamento próximo com a população** – É dever do gestor público dar satisfação à população acerca de seu trabalho. Nesse sentido, é fundamental comunicar-se com as pessoas por meio de canais de comunicação próprios, bem como aproximar-se delas e ouvi-las em eventos e ações sociais.
- **Atue de maneira "360 graus"** – O assessor que atua na área pública deve fazer uso de seus conhecimentos e habilidades para gerenciar a comunicação em suas diversas possibilidades. Desse modo, ele não deve restringir-se à divulgação de informações para a imprensa, mas pensar em outras maneiras de se comunicar com a população tanto presencial quanto virtualmente. O uso de redes sociais e de aplicativos como o WhatsApp são alternativas interessantes para que ocorra essa aproximação.

Exemplo prático
....

Depoimento de Tomás Barreiros, assessor de comunicação no Ministério Público do Estado do Paraná (PR)

Atuo como analista de comunicação concursado na Assessoria de Comunicação do Ministério Público do Estado do Paraná (MPPR). Ingressei na instituição após aprovação em concurso público realizado em 2014. Depois da homologação dos resultados e da convocação, tomei posse no dia 11 de fevereiro de 2015.

A Assessoria de Comunicação do MPPR está organizada em diferentes setores: imprensa, imagem institucional, comunicação interna e redes sociais. Atuo no setor de imprensa. O trabalho rotineiro tem três frentes: (1) produção de material para publicação no *site* institucional e distribuição para a imprensa (os *press releases*), incluindo notícias sobre as ações do MPPR e, eventualmente, matérias especiais relacionadas às áreas de atuação institucional, (2) atendimento das demandas dos veículos de comunicação e (3) produção de material em áudio (programas e *spots* de rádio). Também faço revisão de textos destinados à divulgação externa.

Cotidianamente, recebo demandas internas para divulgação pública da atuação de membros do MPPR, como ajuizamento de ações, oferecimento de denúncias, operações para cumprimento de mandados judiciais, expedição de recomendações administrativas, assinatura de termos de ajustamento de conduta, manifestações oficiais sobre temas afetos à atuação institucional etc. Redijo as notícias, publico-as e as distribuo à imprensa, sempre com aprovação prévia de um/a promotor/a ou de procurador/a de justiça. Atendo a pedidos de colegas dos veículos de comunicação, não apenas do Paraná, mas também de outros estados e mesmo de outros países. Trabalhos que envolvem casos de grande repercussão pública costumam gerar muitas solicitações, que podem ser, por exemplo, informações diretas, documentos, entrevistas, áudios e vídeos de promotores e procuradores de justiça.

O relacionamento com a imprensa é de cordialidade, respeito e profissionalismo. Recebo diariamente pedidos de jornalistas. Como servidor público, procuro sempre atendê-los do melhor modo e o mais rápido possível, independentemente de quem seja o profissional ou para que veículo trabalhe. Quase sempre, consigo atender às demandas. Por vezes, há alguma dificuldade – por exemplo, no atendimento de pedidos com prazo muito estreito ou em solicitações de entrevistas com algum membro do MPPR, pois nem sempre a fonte desejada tem disponibilidade. Como eu já tenho a experiência de ter trabalhado em veículos de comunicação, posso entender as necessidades dos colegas jornalistas e procuro fazer o melhor trabalho possível no atendimento às demandas que chegam para mim. Isso se reflete no fato de que as ações do MPPR geralmente alcançam grande divulgação nos meios de comunicação, o que também se deve, evidentemente, à credibilidade e à importância da instituição.

O desafio inicial de quem ingressa nessa área é conhecer bem a instituição na qual atua, seus valores, seus objetivos e suas idiossincrasias. A partir disso, há a responsabilidade de atuar numa instituição como servidor público, ou seja, tendo em vista que uma organização pública existe para servir à população. No mais, prevalece o mesmo compromisso ético e profissional que deve balizar fortemente o trabalho de qualquer jornalista, mais ainda numa instituição dessa natureza.

∴ **Assessoria cultural**

A assessoria cultural consiste na promoção e na cobertura de manifestações artísticas e culturais. Na cidade de Curitiba (PR), por exemplo, um dos maiores exemplos é o Festival de Teatro promovido anualmente. A cada edição, artistas de diversas regiões do Brasil vão à cidade para promover suas peças. Um evento desse porte exige a contratação temporária de assessores de imprensa para contribuírem no sentido de projetar o festival nos meios de comunicação e fortalecer a marca perante a população. Outros exemplos são festivais de cinema, exposições artísticas e *shows* de música.

Considerando o exemplo referente ao Festival de Teatro de Curitiba, podemos concluir que a assessoria cultural está centrada na promoção de eventos artísticos e culturais, certo? A atuação nessa área se assemelha, então, à de um profissional de relações públicas: envolve desde a organização até a divulgação de eventos culturais e artísticos. Para isso, podem ser empregadas estratégias como a realização de permutas, parcerias e patrocínios, o planejamento e a execução de campanhas publicitárias, o estabelecimento de relacionamento com jornalistas e formadores de opinião e a ativação de redes sociais para a criação e a divulgação de conteúdos. Confira algumas orientações importantes para desenvolver um trabalho efetivo nesse segmento:

- **Explore diferentes mídias e formatos** – Textos, imagens, vídeos, *lives*: quando o assunto é cultura, vale explorar diferentes possibilidades para testar o que funciona melhor.
- **Planeje ações capazes de gerar *buzz* marketing** – O inusitado e a espontaneidade caem bem nesse segmento. Quanto mais as ações chamarem a atenção do público, mais fácil será promover os eventos culturais.

∴ Assessoria gastronômica

Essa área da assessoria de imprensa é uma delícia! Brincadeiras à parte, a assessoria gastronômica costuma fazer os olhos dos comunicadores brilhar, não só pelas comidas saborosas que fazem parte do trabalho mas também pelas inúmeras possibilidades em termos de estratégias.

É fato: comidas mexem com nossos sentidos e emoções. Quando saboreamos um prato especial, memórias afetivas são trazidas à tona. Podemos nos lembrar, por exemplo, do carinho de nossa avó quando assava um bolo e de momentos significativos em família. Comer é uma maneira de sentir afeto. Levando-se isso em conta, a atuação do assessor gastronômico precisa ser pautada por estratégias que fisguem os consumidores por meio de emoções positivas e de memórias afetivas.

É válido, então, investir na produção de fotos e vídeos que mostrem alimentos apetitosos. Eis um exemplo: na Páscoa de 2022, um vídeo simples, mas bastante atrativo, produzido pela confeitaria Flakes Brazil, de Rondônia, viralizou no Instagram e foi parar no *feed* da cantora Britney Spears. Ela gostou tanto de ver o ovo de Páscoa com recheio farto que compartilhou o vídeo – para a surpresa de Leonardo Borges (dono da confeitaria), que chegou a receber pedidos de encomendas dos Estados Unidos.

Figura 4.3 – Produção de fotos gastronômicas

Dmitry Galaganov/Shutterstock

Uma alternativa válida é organizar eventos promocionais para atrair o grande público e apresentá-lo a marcas gastronômicas. Um exemplo de sucesso nesse quesito é o Curitidoce (@curitidoce), um *tour* gastronômico idealizado pela jornalista Ledinara Batista[2] em 2014. Durante cerca de três horas, ela guia os participantes pelas principais confeitarias de um dos bairros mais nobres de Curitiba. Em cada uma das lojas visitadas, os participantes têm a oportunidade de conhecer a história das marcas e o processo de produção das sobremesas, além de, logicamente, degustar doces especiais (Curitidoce, 2023).

Por meio dessa estratégia, Ledinara – que também é *digital influencer* na área de gastronomia – presta um serviço inovador para a população e os turistas que visitam Curitiba e estreita o relacionamento com fornecedores locais, uma vez que também oferece serviços de assessoria de imprensa para docerias e produz conteúdos pagos para marcas do segmento. Vamos, então, conferir algumas dicas de ouro para desenvolver um trabalho estratégico na área gastronômica?

- **Abuse de estímulos visuais e sonoros em vídeos** – Vídeos, geralmente, são atrativos porque envolvem estímulos variados, como imagens, sons e músicas. Esses estímulos são empregados de maneira integrada para captar a atenção total do público. E conseguem, não é mesmo? É só você se lembrar da última vez que rolou o *feed* de seu Instagram para ver um *reels* (não deve

---

2   Na sequência, você encontrará um depoimento da própria Ledinara Batista sobre a atuação profissional dela na área gastronômica.

fazer muito tempo, não é mesmo?). Por isso, é importante definir previamente os recursos que serão utilizados nos vídeos e usá-los de maneira inteligente.

- **Conte histórias** – Quando entramos em contato com histórias, tendemos a prestar mais atenção no que é narrado e a nos identificar com os personagens retratados. Além disso, para organizar as memórias de maneira mais efetiva, nosso cérebro as registra como se fossem partes de uma narrativa. Assim, fica mais fácil nos lembrarmos de fatos de nossa vida. Nesse sentido, contar histórias relacionadas a determinada marca e seus produtos pode ser uma estratégia interessante para gerar conexão emocional com o público.

- **Proporcione experiências significativas** – O confeiteiro Leonardo Borges comentou, no Instagram, que gostaria de enviar ou entregar para a própria Britney Spears o ovo de chocolate que foi alvo da viralização relatada anteriormente. Com isso, a cantora mataria sua vontade de comer o doce e a experiência seria completa, não é mesmo? Proporcionar experiências marcantes aos consumidores é uma maneira de incentivá-los a se aproximarem ainda mais de uma marca. Isso sem falar que experiências diferenciadas são mais facilmente lembradas pelos consumidores. Presentes, personalizações e eventos especiais são opções válidas.

Exemplo prático

Depoimento de Ledinara Batista, jornalista e idealizadora do tour *Curitidoce*

Sou jornalista por formação desde 2007. Sempre gostei de trabalhar com entretenimento, e tudo começou com um *blog* de viagens, em que eu relatava meus passeios de férias e, especialmente, experiências gastronômicas. Em agosto de 2014, enquanto trabalhava com produção de TV, surgiu a vontade de criar um passeio que fosse não somente turístico mas também gastronômico. Como sempre gostei muito de comer doces e de conhecer confeitarias, pensei o seguinte: "Por que não fazer um *city tour* que passe por docerias em vez de pontos turísticos?". Menos de um mês depois, realizei a edição-piloto do Tour Curitidoce. A ideia inicial era oferecer um passeio para turistas, mas, para a minha surpresa, nos seis primeiros meses participaram apenas curitibanos. Desde então, concluí um curso de guia de turismo regional e uma especialização em *pâtisserie* e *boulangerie* para somar conhecimentos técnicos e, assim, enriquecer ainda mais a experiência de quem faz o passeio.

Atualmente, o Curitidoce tem três frentes de trabalho. Ele continua sendo um passeio turístico, realizado em determinados sábados, por docerias de várias regiões da cidade, é um guia *on-line* de informações sobre doces na cidade (tem *site* e contas em redes sociais como o Instagram, o YouTube e o TikTok) e também é uma empresa de assessoria de imprensa especializada em docerias, confeitarias e cafés.

O Curitidoce tem como diferencial o fato de trazer indicações que remetam ao lado doce da cidade, focando profissionais que despontam no cenário gastronômico local. Minha formação como jornalista me ajuda a trazer novidades constantemente, a apresentar doces que despertam paixões e a enaltecer o trabalho de quem se destaca na área. Alguns dos desafios relacionados ao meu trabalho são estar sempre "antenada" com as tendências, mantendo o olhar atento a novos potenciais que vão surgindo, e conseguir levar o Curitidoce para o maior número de pessoas apaixonadas por doces por meio das redes sociais.

O *tour* completou oito anos em setembro de 2022. Entre os planos de curto prazo estão o licenciamento de produtos e o fortalecimento da marca, como referência nesse tipo de trabalho, não apenas na cidade e no estado mas também no eixo Rio-São Paulo.

Figura 4.4 – Aniversário de 8 anos do projeto Curitidoce

Liza Strapasson

Figura 4.5 – Ledinara Batista caracterizada numa das edições do *tour*

Marcelo Grande

∴ Assessoria de celebridades e influenciadores

Celebridades precisam estar onde seus públicos estão. E, com a democratização do uso da internet e a midiatização, estamos vivendo nossas vidas virtualmente, concorda? O que há, na verdade, é uma fusão entre o *off-line* e *on-line*, conforme defende Deuze (2012). Não há mais nenhum tipo de fronteira: o real se mistura com o virtual e vice-versa.

Retomando o "fio da meada": se estamos na internet, é essencial que as celebridades também estejam. Pois bem: é o profissional de comunicação que gerencia a construção da imagem dessas celebridades (atores, diretores, cantores, entre outros) na internet.

Como esses indivíduos já costumam estar em evidência nas mídias tradicionais (televisão, rádio, revistas etc.), o cerne do trabalho do assessor é a gestão da comunicação em mídias próprias (*sites* e *blogs*) e em plataformas e redes sociais.

Assim, é fundamental o desenvolvimento contínuo de conteúdos nos mais diversos formatos. Vale ressaltar a importância de produzir materiais que revelem aspectos da intimidade das celebridades para gerar identificação e aproximar emocionalmente os fãs e os seguidores. Testes e experimentações são altamente recomendados nesse segmento. Você já percebeu que a demanda de trabalho é grande, não é mesmo? O assessor de celebridades precisa ter um perfil multifuncional: saber escrever bem, produzir fotos e vídeos e ter noções de *design* e de diagramação.

Há, também, o outro lado da moeda: o trabalho com *digital influencers*. Como esses profissionais já contam com uma carreira na internet, com considerável credibilidade e reputação positiva entre seus públicos, é necessário integrar ações *on-line* com estratégias *off-line*. É aqui que entra o trabalho do assessor. Cabe a esse profissional fazer a ponte entre os influenciadores e a imprensa para que a imagem de seus clientes também seja fortalecida em mídias tradicionais. Aparições e menções em veículos de comunicação como rádio, TV e portais de notícias contribuem para que *influencers* sejam vistos como autoridades em seus segmentos, tornando-se formadores de opinião chancelados pela imprensa e pela opinião pública.

Síntese

Iniciamos o capítulo discutindo a importância da assessoria de imprensa nos âmbitos da comunicação institucional e da comunicação organizacional. Ela é responsável por mediar o relacionamento entre as organizações e a opinião pública, mediante a divulgação de notícias em veículos de comunicação. Dessa maneira, a população tem a oportunidade de se informar sobre fatos relacionados às organizações, e estas, quando agem de maneira coerente e socialmente responsável, são fortalecidas em termos de reputação e valor de marca.

Partindo desse pressuposto, analisamos as atividades que costumam ser conduzidas por assessores de imprensa no dia a dia e descrevemos os principais instrumentos e técnicas que possibilitam uma atuação efetiva. É importante reforçar que a base do trabalho da assessoria é o relacionamento com jornalistas e formadores de opinião. Por isso, conhecer as necessidades e as rotinas produtivas desses profissionais é imprescindível.

Abordamos, também, quatro possibilidades de atuação da assessoria: a política, a cultural, a gastronômica e a de celebridades/influenciadores. A primeira é bastante ampla, já que envolve o trabalho com candidatos a políticos e gestores públicos, de maneira concursada, comissionada ou autônoma; a segunda está centrada na organização e na promoção de eventos culturais e artísticos; a terceira envolve o investimento em ações de marketing que estimulem, principalmente, os sentidos visual, gustativo e olfativo; por fim, o quarto tipo de assessoria abarca a gestão da comunicação de celebridades e influenciadores tanto na esfera *on-line* quanto na *off-line*.

No próximo capítulo, trataremos de crises de imagem. Com base em *cases* reais, veremos como gerenciar situações que podem comprometer a reputação de uma marca e arruiná-la a longo prazo.

Questões para revisão

1. Explique em que consiste a estratégia referente à assessoria de imprensa e qual é o propósito de seu uso.

2. Cite e explique dois instrumentos que costumam ser empregados por assessores de imprensa.

3. Considerando as atividades que o assessor de imprensa executa em sua prática profissional, analise as afirmativas a seguir.
    I) Estabelecer relacionamento com jornalistas é imprescindível para a efetividade de ações da assessoria de imprensa.
    II) O *follow up* é uma atividade que deve ser evitada, pois acompanhar o processo de produção de matérias ou reportagens é algo que os jornalistas consideram incômodo.
    III) Para potencializar a construção de reputação e a autoridade de uma empresa, é recomendado divulgar conteúdos tanto por meio da imprensa quanto por intermédio de canais de comunicação da própria marca.

Assinale a alternativa que indica a(s) afirmativa(s) correta(s):

a) A afirmativa I, apenas.
b) As afirmativas I e II, apenas.
c) As afirmativas I e III, apenas.
d) As afirmativas II e III, apenas.
e) Todas as afirmativas estão corretas.

4. Associe os instrumentos e as técnicas com as respectivas descrições.
   ( ) *Release*
   ( ) *Press kit*
   ( ) *Clipping*
   ( ) *Media training*
   ( ) Coletiva de imprensa

   1) Destina-se aos porta-vozes da organização.
   2) Embasa a análise dos resultados alcançados por meio da assessoria de imprensa.
   3) Contém as informações mais importantes sobre um fato relevante ligado à empresa.
   4) Por meio dessa estratégia, jornalistas têm a oportunidade de esclarecer, durante um período e num local específico, dúvidas sobre determinado fato relacionado à organização.
   5) Pode incluir produtos ou amostras de produtos entregues para jornalistas.

Agora, assinale a alternativa que apresenta a sequência correta:

a) 3, 5, 2, 1, 4.
b) 1, 3, 2, 4, 5.
c) 2, 1, 5, 3, 4.
d) 5, 4, 1, 2, 3.
e) 3, 5, 1, 2, 4.

5. Considerando as características e as possibilidades de atuação da assessoria de imprensa no contexto da midiatização, analise as afirmativas a seguir e marque com V as verdadeiras e com F as falsas.

( ) Na área pública, o assessor costuma acionar a imprensa para divulgar informações e posicionamentos de interesse da população.

( ) A agilidade é fundamental para quem deseja atuar na assessoria política, haja vista a urgência na transmissão de informações de relevância social.

( ) O trabalho da assessoria cultural está centrado na organização e na divulgação de eventos artísticos e culturais. Para isso, podem ser empregadas estratégias diversificadas, tais como assessoria de imprensa, publicidade e marketing de conteúdo.

( ) A multifuncionalidade é um requisito para assessorar celebridades, já que é importante produzir conteúdos nos mais diversos formatos e plataformas.

( ) O fortalecimento da imagem de *influencers* deve ser construído apenas digitalmente.

Assinale a alternativa que apresenta a sequência correta:

a) F, F, V, F, V.
b) V, F, F, V, V.
c) F, F, V, V, V.
d) F, V, V, V, F.
e) V, F, V, V, V.

Questão para reflexão

1. Escolha uma empresa de grande porte e realize uma pesquisa para verificar como a imprensa tem se referido a ela recentemente. Em sua análise, aponte se o que foi abordado sobre a marca foi positivo ou negativo e apresente exemplos.

Capítulo 05

Gerenciamento de crises de imagem

Após o estudo deste capítulo, você será capaz de:

1. identificar situações organizacionais que possam gerar crises de imagem;
2. planejar e executar estratégias de comunicação para gerenciar crises.

No mundo ideal, o relacionamento com a imprensa é pacífico, as ações de comunicação atingem os resultados esperados, e a projeção da marca é sempre positiva. Já no mundo real, não é bem assim. Toda organização, por menor ou maior que seja e independentemente da área ou do segmento de atuação, passará por uma crise de imagem em algum momento. Crises de imagem podem ser provocadas pelas mais diversas razões. Vejamos algumas situações que, segundo Mafei (2012), podem contribuir para gerar crises:

- investigações públicas sobre a organização ou sobre integrantes dela;
- acidentes com danos a pessoas;
- operações de fusão e/ou aquisição;
- produtos adulterados, falsificados ou com defeitos graves;
- envolvimento de gestores e diretores em casos de corrupção.

Além dessas situações, é possível perceber que casos em que há discriminação, abuso (psicológico, físico ou sexual) e intolerância também têm gerado crises tanto para empresas quanto para personalidades. Neste capítulo, abordaremos o caso de uma cantora e influenciadora brasileira que, por ter se comportado de maneira preconceituosa e abusiva em relação a outra pessoa, passou por uma grave crise de imagem que precisou ser muito bem administrada.

Além disso, você aprenderá como prevenir situações que possam gerar crises e, caso a crise já tenha sido instaurada, saberá como administrá-la para evitar maiores danos. É essencial que um assessor de comunicação saiba o que fazer nessas situações e aja com rapidez e precisão.

5.1
Cases Carrefour: crises envolvendo mortes

Há alguns anos, a rede de supermercados Carrefour enfrentou duas crises graves. Em 2018, um cachorro que vivia no estacionamento de uma loja situada na cidade de Osasco (SP) foi, supostamente, envenenado e espancado pelo colaborador de uma empresa que prestava serviços para a loja em questão. Imediatamente, internautas, organizações não governamentais (ONGs) de proteção a animais e celebridades (tais como Tatá Werneck e Giovanna Ewbank) se manifestaram nas redes sociais para pedir um posicionamento por parte da marca (Alves, 2018). Numa nota divulgada em seu perfil no Facebook, o Carrefour proferiu a seguinte declaração:

> O Carrefour reconhece que um grave problema ocorreu em nossa loja de Osasco. A empresa não vai se eximir de sua responsabilidade. Estamos tristes com a morte desse animal. Somos os maiores interessados para que todos os fatos

sejam esclarecidos. Por isso, aguardamos que as autoridades concluam rapidamente as investigações. Desde o início da apuração, o funcionário de empresa terceirizada foi afastado. Qualquer que seja a conclusão do inquérito, estamos inteiramente comprometidos em dar uma resposta a todos. Queremos informar também que estamos recebendo sugestões de várias ONGS ligadas à causa que vão nos auxiliar na construção de uma nova política para a proteção e defesa dos animais. (Carrefour Brasil, 2018)

Pelos comentários que podem ser vistos na postagem, que ocorreu no dia 4 de dezembro de 2018, a nota não foi suficiente para os internautas. Nenhuma ação a respeito parece ter sido realizada posteriormente, e a marca continuou se envolvendo em polêmicas, conforme veremos adiante. E você, o que achou da nota emitida pela empresa?

Em 2020, circulou na imprensa a notícia de que o representante de vendas de uma empresa fornecedora da marca morreu de infarto durante o trabalho e teve o corpo coberto por guarda-sóis enquanto a loja, situada em Recife (PE), funcionava normalmente. O pedido de desculpas veio somente quatro dias depois do ocorrido – o que é inadmissível, dada a gravidade do fato. Além disso, não foi divulgada nenhuma ação de responsabilização e de prevenção para que situações como essa não ocorressem mais. A falta de humanismo, logicamente, incomodou o público, que criticou mais uma vez a postura da marca (Alves, 2020).

No entanto, a postura da empresa foi diferente em relação a outra situação grave ocorrida no mesmo ano. No dia 19 de novembro de 2020, o cidadão negro João Alberto Freitas foi espancado e morto por dois seguranças brancos numa loja do Carrefour na cidade de Porto Alegre, capital do Rio Grande do Sul (Carrefour..., 2020). Diante do acontecido, a empresa agiu com rapidez: demitiu o gerente da loja, interrompeu o contrato com a empresa terceirizada de segurança e fechou o estabelecimento nos dias seguintes ao assassinato. Além disso, a renda da rede de supermercados foi destinada a ações de combate ao racismo, e a família da vítima recebeu o devido apoio (Rosa, 2020). Nesse caso, percebemos um humanismo maior nas ações de responsabilização pela tragédia, bem como a adesão a uma importante causa social: o combate ao racismo.

5.2
Case Karol Conká: crise monitorada em tempo real

Se você costuma acompanhar as edições do programa *Big Brother Brasil* (BBB), da Rede Globo, provavelmente ficou sabendo do que aconteceu com a *rapper* Karol Conká na 21ª edição, em 2021. A cantora iniciou a carreira na cidade de Curitiba (PR), onde, com o auxílio de produtores musicais locais, foi lançada na internet, mais especificamente na rede social Myspace (De Carona na Carreira, 2022).

Durante sua participação no programa global, Karol costumava praticar *bullying* contra o participante Lucas Penteado e, em razão de sua postura abusiva, passou a ser "cancelada" por milhares de fãs e internautas. Instaurou-se, então, uma crise de imagem na carreira da cantora. No curto prazo, as consequências foram a perda de um número considerável de seguidores e o cancelamento de apresentações musicais (Moroz, 2021). Já no longo prazo, a reputação de Karol como cantora e personalidade pública foi prejudicada. Assim que ela saiu do BBB, deu-se conta da crise que estava enfrentando e começou a delinear uma estratégia para gerenciar a situação. A seguir, reproduzimos o trecho de uma entrevista que ela concedeu à consultora de carreira Thaís Roque em 2022, no *podcast De Carona na Carreira*:

> A primeira coisa que pensei foi: "preciso respirar e ter humildade pra entender". Às vezes, a gente fica naquela situação, naquele mecanismo de defesa e acaba dando uma expulsada na humildade e não consegue entender as coisas. Acha que tudo é um ataque. Então, eu precisei respirar, descer do salto e falar: "o que está acontecendo?" E tem dois caminhos básicos, né, que são a verdade e a humildade. Eu usei esses dois caminhos para, daí, enxergar uma possibilidade de seguir. (De Carona na Carreira, 2022)

Durante a entrevista, Karol contou que, assim que saiu do BBB, ficou dois meses sem checar suas redes sociais. "A minha equipe tinha a senha, mas não me passava. Esse era o nosso combinado" (De Carona na Carreira, 2022), explicou ela. A primeira atitude da cantora foi buscar auxílio psiquiátrico e psicoterapêutico para compreender melhor quem ela era e por que tinha agido daquela forma no programa. Em seguida, admitiu publicamente que havia errado e pediu perdão (De Carona na Carreira, 2022). Karol passou, então, a conceder entrevistas a vários veículos de comunicação para falar sobre o assunto.

Outras ações pertinentes foram a gravação e a exibição de uma série de vídeos sobre saúde mental no Instagram, intitulada *Vem K cuidar da mente*, e do documentário *A vida depois do tombo*, disponível na plataforma de *streaming* Globoplay. Nessa produção, ao longo de quatro episódios, Karol fala sobre sua vida e sua carreira depois do "cancelamento" que sofreu após o BBB. A estratégia pode ser considerada uma tentativa de construir uma narrativa humanizada e legítima – do ponto de vista da artista – sobre a crise vivenciada no programa.

Confira as dicas de Karol Conká para lidar com crises de imagem e "cancelamentos' (De Carona na Carreira, 2022):

- Busque auxílio psicoterapêutico.
- Seja humilde e admita o erro cometido.
- Aceite e demonstre a sua vulnerabilidade.
- Se conecte com a sua essência e não se afaste dela.
- Tenha a consciência de que a crise, mais cedo ou mais tarde, irá passar e que você pode se tornar uma pessoa melhor ao longo do processo.

Para saber mais

DE CARONA NA CARREIRA: 098. Reposicionamento de imagem e superação – Karol Conká. [Locução de]: Thaís Roque. **Spotify**, 4 ago. 2022. *Podcast*. Disponível em: <https://open.spotify.com/episode/5KjAqYD32o8EiU8G9Zvvd0>. Acesso em: 15 mar. 2023.

Para compreender melhor o reposicionamento de imagem de Karol Conká, vale a pena ouvir a entrevista completa que a cantora concedeu à consultora de carreira Thaís Roque. Atente para as estratégias de comunicação que ela empregou para gerenciar a crise enfrentada.

5.3
Estratégias de gestão de crises

Apesar de crises de imagem serem inevitáveis, é possível – e, até mesmo, recomendado – desenvolver planos de ação para preveni-las ou administrá-las de maneira que a reputação e a credibilidade da organização não sejam prejudicadas a longo prazo. Nesta seção, abordaremos estratégias que podem ser colocadas em prática no dia a dia do assessor de comunicação. Traremos para a discussão as contribuições de autores como Maristela Mafei (2012) e Sulamita Mendes (2014), que têm carreiras relevantes no contexto da comunicação organizacional e têm ampla experiência com gestão de crises.

∴ Criação de comitês de gestão de crises

A maneira mais efetiva de prevenir crises de imagem é criar comitês integrados por profissionais estratégicos da empresa, como sócios, diretores, coordenadores, advogados e, logicamente, assessores de comunicação. A principal tarefa desses comitês – que precisam estar previstos no organograma, no planejamento e no orçamento da organização – deve ser o mapeamento e a análise constante de situações que possam desencadear crises a curto, médio e longo prazo (Mendes, 2014).

Caso uma crise "exploda", o comitê responsável deve realizar uma força-tarefa para planejar e executar ações de contenção. Nessas situações, é fundamental centralizar as estratégias e os comunicados nas mãos dos profissionais que compõem o comitê em questão. Conforme orienta Mafei (2012), esse comitê pode ficar responsável por entrar em contato com:

- **Públicos externos** – É necessário prever ações de comunicação e atendimento para orientar e auxiliar os consumidores de maneira ágil e eficaz.
- **Públicos internos** – É essencial ter o mesmo cuidado com os colaboradores, fornecedores e parceiros da empresa, já que eles são a força motriz dela.
- **Públicos institucionais** – São representados por lideranças legislativas e de secretarias de governo, ministérios e entidades de classe.

- **Entidades regulatórias, de fiscalização e sindicatos dos trabalhadores** – Englobam órgãos de defesa do consumidor, agências reguladoras, ONGs e sindicatos das mais variadas profissões.
- **Imprensa** – Os comunicados enviados a jornalistas e formadores de opinião devem ser claros, precisos e coerentes; além disso, é de suma importância capacitar os porta-vozes da organização, por meio de *media training*, para que os discursos estejam alinhados e sejam transmitidos de maneira efetiva, conforme a mensagem que se quer passar.

:: Quem pode atuar como porta-voz em situações de crise?

A imprensa é um dos públicos mais importantes a serem considerados em situações de crise de imagem. Como vimos no primeiro capítulo, os jornalistas atuam para que a população tenha acesso a fatos relevantes nos âmbitos local, nacional e internacional. Por atuarem em função do interesse público, esses profissionais filtram os acontecimentos que são, de fato, notícia e revelam diferentes pontos de vista sobre eles.

Quando uma crise empresarial toma maiores proporções e impacta, de alguma forma, o grande público, ela se torna alvo da cobertura midiática. Esse movimento exige, então, que a organização responda prontamente às demandas da imprensa e pontue, com coerência, clareza e precisão, sua visão sobre os fatores que geraram a crise e sobre as implicações desta para os públicos de interesse.

Diante disso, a pergunta que intitula o presente tópico faz-se relevante: Quem pode atuar como porta-voz em situações de crise? A resposta, todavia, não é tão simples. Mesmo assim, existe uma diretriz: por motivos estratégicos, o porta-voz da organização precisa ser **um integrante que a represente perante os públicos de interesse**. Na prática, essa representatividade varia muito de empresa para empresa: em alguns casos, o representante pode ser o sócio principal; em outros, o diretor-geral. Há, ainda, aquelas situações de crise que exigem uma visão mais técnica sobre o ocorrido. Nessas circunstâncias, é recomendado que o colaborador que ocupa um importante cargo técnico represente a organização perante os veículos de comunicação.

Na área pública, Mafei (2012) indica que o representante titular do órgão envolvido seja o porta-voz, uma vez que ele é a autoridade máxima nesse contexto. A autora cita como exemplo a atuação de Rudolph Giuliani, ex-prefeito de Nova York, na ocasião dos ataques terroristas à cidade no dia 11 de setembro de 2001. Prontamente, ele, que costumava tomar café da manhã com jornalistas para estreitar o relacionamento com a imprensa, prestou os devidos esclarecimentos sobre os impactos do ocorrido e sobre as medidas de segurança tomadas pela prefeitura. Não à toa, os jornais que circularam nos dias seguintes à tragédia se referiram a Rudolph como um líder atuante e solidário.

Independentemente do profissional escolhido para representar a empresa publicamente, o assessor de comunicação e o(s) advogado(s) devem acompanhar frequentemente as entrevistas e as manifestações para orientar o porta-voz sobre as informações a serem comunicadas e sobre a maneira como as mensagens devem ser transmitidas. Além disso, é essencial que aqueles profissionais prevejam questionamentos complexos e polêmicos e instruam adequadamente o porta-voz.

∴ Monitoramento de reações na internet

Você se lembra do que discutimos, no primeiro capítulo, sobre a horizontalização do poder de consumo na atualidade? Pois bem, no contexto da midiatização, ao mesmo tempo que ficou mais fácil comunicar-se com os públicos e estabelecer relacionamento com eles, qualquer "pisada de bola" pode ser facilmente divulgada na internet e viralizar em questão de minutos. Com isso, crises não previstas podem ocorrer da noite para o dia.

Diante disso, a recomendação é monitorar constantemente as reações dos consumidores na internet (em *sites* de reclamações, redes sociais, matérias e reportagens jornalísticas, por exemplo). Sempre que algum comentário ou depoimento negativo com potencial para provocar uma crise for identificado, é fundamental agir com rapidez para investigar o problema e solucioná-lo.

∴ Responsabilização pelo erro

Como diz o ditado, "Errar é humano". Toda empresa está sujeita a errar. O fator que faz a diferença, nesse caso, é como a organização agirá a partir da constatação do erro. Os responsáveis pela gestão organizacional podem, por exemplo, negligenciar o erro e agir como se nada tivesse acontecido. Nesses casos, a situação só vai piorar com o tempo, visto que, com a internet, é impossível "varrer a sujeira para debaixo do tapete".

A atitude mais indicada é admitir o erro e pedir desculpas o quanto antes. Mas não se deve parar por aí. Depois da admissão, precisa vir a responsabilização. Se um consumidor ou um grupo de consumidores foi prejudicado, como é possível reparar o erro de alguma forma e continuar agregando valor à marca? Se determinado produto foi comercializado com um defeito grave, como solucionar o problema com agilidade? As sugestões de ações apresentadas a seguir podem ajudar o profissional responsável a pensar em maneiras de se responsabilizar por erros cometidos sem que isso prejudique a imagem da marca:

- Solucione o(s) erro(s) o quanto antes.
- Comunique a solução nos canais de comunicação da empresa.
- Seja humano tanto na administração do(s) erro(s) quanto na comunicação da solução.
- Compense a falha de alguma forma (a entrega de produtos ou serviços extras é uma boa alternativa para gerar valor).

∴ Adesão a causas relevantes

É possível fazer algo além da responsabilização. Podemos dizer que, quando aprendemos com o erro e passamos a defender alguma causa relacionada a ele, conseguimos ressignificá-lo (Mendes, 2014).

Dessa maneira, a responsabilização vira algo maior e passa a ter um propósito associado.

Esse movimento é perceptível no caso da *rapper* Karol Conká, não acha? A partir do momento em que ela passou a falar, por meio de vídeos no Instagram, sobre a importância de nos preocuparmos com a saúde mental e de compreendermos como os transtornos mentais afetam nossa vida, ela começou a reverter a própria crise, transformando-a numa causa pela qual vale a pena lutar. Todavia, fica aqui um alerta: esse movimento precisa ser genuíno. Caso contrário, os públicos da marca ou da personalidade perceberão e não acreditarão na causa – tampouco pensarão em aderir a ela.

Síntese

Crises de imagem são inevitáveis no mundo empresarial. Considerando isso, discutimos, neste capítulo, situações que podem provocar crises em organizações e abordamos quatro *cases* que demonstram maneiras diferentes de gerenciar erros graves cometidos por marcas.

Nos três primeiros *cases*, pudemos verificar como a rede de supermercados Carrefour administrou tragédias envolvendo mortes de animais e pessoas entre os anos de 2018 e 2020. Já no quarto e último *case*, enfocamos o "cancelamento" vivenciado pela cantora brasileira Karol Conká durante a participação no Big Brother Brasil e analisamos as ações de comunicação realizadas por ela e por sua equipe para reverter a reputação negativa.

Posteriormente, examinamos algumas estratégias que contribuem para a prevenção e a administração de crises de imagem. De maneira resumida, as medidas recomendadas são a criação de um comitê de gestão de crises, o monitoramento constante das reações dos consumidores na internet, a responsabilização pelo erro cometido e a adesão a causas relevantes.

Questões para revisão

1. Cite duas situações que podem provocar crises de imagem. Apresente exemplos.

2. Cite e explique duas estratégias para prevenir ou administrar crises de imagem.

3. Considerando as estratégias de gerenciamento de crises de imagem vistas ao longo do capítulo, analise as afirmativas a seguir e marque com V as verdadeiras e com F as falsas.
   ( ) Comitês devem ser criados durante situações de crise para que estas sejam gerenciadas adequadamente.
   ( ) Numa situação de crise, um pedido de desculpas não basta. É necessário que a empresa se responsabilize pelo erro cometido.
   ( ) No contexto da midiatização, o monitoramento constante das reações do público na internet contribui para evitar crises de imagem.

( ) A condição para que determinada crise seja transformada numa causa é a legitimidade da ação. Caso esse movimento não seja genuíno, os consumidores perceberão.

( ) A agilidade e a coerência são fundamentais para administrar situações de crise.

Assinale a alternativa que apresenta a sequência correta:

a) F, V, V, F, V.
b) F, V, F, V, V.
c) F, V, V, V, V.
d) F, V, F, F, V.
e) V, F, V, V, V.

4. No que diz respeito à gestão de crises perante públicos de interesse diferentes, analise as afirmativas a seguir.

I) Numa crise, as ações e os comunicados devem estar centralizados nas mãos dos integrantes do comitê criado para gerenciar situações dessa natureza.

II) É importante capacitar os porta-vozes para que estes estabeleçam uma comunicação clara e coerente com a imprensa.

III) Durante a gestão de uma crise, os públicos internos da organização não precisam ser alvo de ações específicas.

Assinale a alternativa que indica a(s) afirmativa(s) correta(s):

a) A afirmativa I, apenas.
b) As afirmativas I e II, apenas.
c) As afirmativas I e III, apenas.
d) As afirmativas II e III, apenas.
e) Todas as afirmativas estão corretas.

5. Leia as afirmativas a seguir e analise a relação proposta entre elas.

   I) Crises de imagem devem ser administradas de maneira rápida e responsável,

   PORQUE

   II) elas podem causar sérios danos para a imagem e a reputação de uma marca.

   Agora, assinale a alternativa correta:

   a) As afirmativas I e II são falsas.
   b) A afirmativa I é verdadeira, e a II é falsa.
   c) A afirmativa II é verdadeira, e a I é falsa.
   d) As afirmativas I e II são verdadeiras, e a II justifica a I.
   e) As afirmativas I e II são verdadeiras, mas a II não justificativa a I.

Questão para reflexão

1. Pesquise *cases* que se referem a crises de imagem e verifique como estas foram gerenciadas. Descreva quais foram as estratégias de comunicação empregadas e explique por que elas foram escolhidas em cada situação.

Capítulo 06

Planejamento de comunicação integrada

Conteúdos do capítulo:

- A importância de desenvolver um planejamento no contexto da comunicação organizacional.
- Etapas da construção de um planejamento efetivo.

Após o estudo deste capítulo, você será capaz de:

1. relacionar, em termos práticos, os temas vistos ao longo dos capítulos anteriores;
2. elaborar um Planejamento de Comunicação Integrada;
3. aplicar estratégias de comunicação organizacional em empresas.

Chegamos ao último capítulo desta obra. Tratamos de vários assuntos até aqui, não é mesmo? Examinamos o momento histórico em que vivemos, profundamente marcado pelo uso frequente de mídias digitais, discutimos o papel da comunicação no contexto organizacional e analisamos as principais estratégias que são empregadas para possibilitar o fortalecimento de marcas ao longo do tempo.

Agora, vamos integrar todos os conteúdos do livro para mostrar como se desenvolve um planejamento de comunicação integrada que traga resultados efetivos tanto em termos de retorno financeiro quanto em termos de construção de autoridade e fortalecimento de marca. Veremos em detalhes as cinco partes desse planejamento, que também podem ser consideradas como etapas de seu desenvolvimento. São elas: posicionamento estratégico; análise interna e externa; definição de objetivos; estabelecimento de estratégias; e avaliação de resultados.

Chegou a hora de colocarmos a mão na massa! Vamos juntos?

6.1
Posicionamento estratégico

O posicionamento estratégico reflete a identidade e a filosofia de uma organização. Ele é o ponto de partida do planejamento, já que situa a empresa em relação ao mercado e a seus públicos de interesse. Na sequência, apresentaremos três definições que não podem faltar na primeira parte do planejamento de comunicação integrada.

∴ Missão, visão e valores

Toda organização, independentemente do porte e do segmento de atuação, tem uma razão de ser. Esse propósito é o que justifica sua existência e pauta sua atuação. Ele responde, portanto, às seguintes perguntas:

- Por que a organização existe?
- Qual é seu maior objetivo?
- Como ela impacta a vida dos consumidores?
- De que forma(s) ela ajuda seus públicos de interesse?

Geralmente, as organizações utilizam o termo **missão** para se referir a seu propósito. Ele é o primeiro aspecto que compõe a identidade organizacional. O segundo envolve os **valores** da empresa, ou seja, os princípios que norteiam sua conduta ao longo do tempo. Os valores são aspectos tangíveis ou intangíveis dos quais as organizações não abrem mão. São eles que permeiam todas as decisões e ações organizacionais. É imprescindível, então, que as instituições ajam com coerência em relação aos valores estabelecidos. Vejamos alguns exemplos de valores:

- honestidade;
- competitividade;
- compromisso ético;
- agilidade no atendimento;
- respeito pelos consumidores;
- responsabilidade socioambiental;
- inovação no desenvolvimento e na divulgação de produtos e serviços.

A título de curiosidade, veja a seguir a missão e os valores de grandes empresas nacionais e internacionais consideradas referências nos respectivos segmentos de atuação.

Quadro 6.1 – Posicionamento estratégico de marcas de referência

Empresa	Missão	Valores
Coca-cola	Refrescar o mundo em corpo, mente e espírito; inspirar momentos de otimismo por meio de nossas marcas e ações; criar valor e fazer a diferença onde estivermos e em tudo o que fizermos.	Inovação; liderança; responsabilidade; integridade; paixão; colaboração; diversidade; qualidade.

(continua)

(Quadro 6.1 – conclusão)

Empresa	Missão	Valores
Netflix	Entreter o mundo.	Julgamento; altruísmo; coragem; comunicação; inclusão; integridade; paixão; inovação; curiosidade.
Magalu	Levar ao acesso de muitos o que é privilégio de poucos; ser uma empresa competitiva, inovadora e ousada, que visa sempre ao bem-estar comum.	Gente que gosta de gente; mão na massa; simplicidade e inovação; cliente em primeiro lugar; atitude de dono.

Fonte: Elaborado com base em Coca-Cola Brasil, 2022; Netflix, 2023; Netflix Jobs, 2023; Magazine Luiza, 2023.

O terceiro e último item que compõe a identidade organizacional é a **visão**. Trata-se dos objetivos que a empresa pretende alcançar a curto, médio e longo prazo. A visão da Magazine Luiza (ou Magalu), uma das marcas mais queridas entre os brasileiros, é "levar toda a [...] infraestrutura digital [da empresa] para os milhares de *sellers* e vendedores [do Brasil], sendo o sistema operacional para o varejo brasileiro. Nosso desejo é digitalizar o Brasil" (Magazine Luiza, 2023). Isso significa que todas as ações da marca precisam ser direcionadas para essas finalidades.

A visão de uma organização pode abarcar um ou mais objetivos, estabelecidos conforme a área e o setor, se for o caso. A marca pode, por exemplo, definir objetivos relacionados às finanças, ao marketing, ao relacionamento com os clientes e à responsabilidade socioambiental. Confira alguns questionamentos que podem auxiliar na definição da visão de uma organização:

- Aonde ela deseja chegar por meio de sua missão?
- O que ela deseja conquistar ao longo do tempo?
- Quais são seus objetivos a curto, médio e longo prazo?
- Quais são os principais objetivos para as diferentes áreas da empresa?

É importante que, na primeira parte do planejamento, sejam listados a missão, a visão e os valores da empresa em questão. Tais itens vão embasar todos os demais elementos, desde a análise dos ambientes interno e externo até a definição das estratégias de comunicação mais adequadas para a concretização dos objetivos propostos.

∴ Públicos de interesse

O posicionamento de uma organização, independentemente da área ou do segmento de atuação, é sempre voltado a públicos de interesse específicos. Esses públicos são internos (indivíduos que atuam na empresa ou que participam, em menor ou maior medida, dos processos produtivos e de gestão, como colaboradores, diretores, sócios e fornecedores) e externos (indivíduos que não atuam na empresa, mas são impactados por ela, como consumidores e clientes).

Considerando-se isso, é fundamental conhecer todos os públicos de interesse da organização. Por meio de pesquisas, algumas informações-chave precisam ser levantadas. As principais são as seguintes:

- **Perfil socioeconômico** – Abarca informações referentes à localização, à faixa etária, ao nível de escolaridade e à renda mensal aproximada dos públicos da empresa. Tais dados auxiliam na caracterização desses públicos.
- **Dores e necessidades** – São os problemas dos consumidores que a empresa ajudará a resolver por meio de estratégias de comunicação e marketing.
- **Interesses e hábitos de consumo** – Envolvem informações relacionadas à rotina e aos temas que interessam aos públicos. Nesse sentido, é importante saber, por exemplo, as redes sociais que os consumidores costumam utilizar e os formatos de conteúdo mais atrativos.
- **Fatores de sucesso** – Trata-se dos indicadores tangíveis ou intangíveis que os públicos da organização consideram "sucesso". Vejamos dois exemplos: para públicos de empresas gastronômicas, fatores como "comer bem", "sentir prazer" e "experimentar sabores únicos" estão associados a experiências de consumo bem-sucedidas; já para os consumidores de empresas educacionais, é provável que o sucesso esteja ligado a aspectos como "boa empregabilidade", "realização profissional", "prosperidade financeira" e "prestígio". Os produtos, os serviços e as ações de comunicação de uma organização precisam contribuir para que seus públicos de interesse obtenham o sucesso que desejam.

:: Públicos de interesse *versus personas*

Já que estamos falando sobre conhecer os públicos de interesse de uma organização, é importante que façamos uma diferenciação. Ao passo que os públicos da empresa englobam **grupos de consumidores com características em comum**, as *personas* são **personagens fictícios que representam cada um desses grupos**. Portanto, os públicos correspondem a um conceito diferente do conceito de *personas*.

Foi Alan Cooper, dono de uma consultoria em *design* de interação, quem propôs o uso do termo *persona* depois de tentar personificar o usuário ideal de um serviço no qual ele estava trabalhando em 1983. Após 15 anos, ele descreveu o método que havia criado para construir *personas* num livro e promoveu o termo publicamente (Martins; Vanz, 2021). Desde então, as *personas* têm sido empregadas na comunicação organizacional como uma forma de aprofundar o estudo das características de públicos-alvo e, dessa forma, planejar ações de comunicação e marketing mais acertadas.

Para construir *personas*, é recomendado que sejam especificadas justamente as informações que vimos no tópico anterior: perfil socioeconômico; dores e necessidades; interesses e hábitos de consumo; e fatores de sucesso. O ideal é que seja criada **uma *persona* para cada grupo de consumidores**. A seguir, veja a *persona* que representa um dos grupos de consumidores de um psicólogo clínico e educacional.

Exemplo de *persona*

> **Matheus – 17 anos**
>
> - Aluno do ensino médio com desempenho mediano.
> - Mora com os pais e pertence à classe média-alta.
> - Quer/precisa escolher um curso superior, mas não sabe qual.
> - Tem pouco autoconhecimento.
> - Costuma consumir conteúdos em blogs, no Instagram e no YouTube.
> - Tem interesse em temas como autoconhecimento, séries, filmes e jogos.
> - Deseja obter satisfação na escolha profissional e ser bem-sucedido.
> - Quer ter a aprovação dos pais.

:: Levantamento de informações

Você deve estar se perguntando como levantar as informações de uma *persona*, não é mesmo? O primeiro passo é **selecionar o tamanho da amostra**. Depois, é preciso definir se a pesquisa será **quantitativa ou qualitativa**. Aliás, você sabe a diferença entre esses dois métodos?

Pesquisas quantitativas permitem a generalização de resultados por meio da quantificação de dados. Isso é possível porque elas são realizadas com amostras numerosas, o que viabiliza que os resultados sejam considerados para todas as pessoas que apresentam determinadas características em comum. Pesquisas quantitativas trabalham com perguntas fechadas, oferecendo opções de respostas (popularmente conhecidas como *questões de múltipla escolha* e *de marcar x*).

Por sua vez, **pesquisas qualitativas** possibilitam a compreensão das motivações de comportamentos e decisões dos consumidores, uma vez que trabalham com amostras pequenas. Nesse caso, a coleta de dados ocorre mediante perguntas abertas, ou seja, subjetivas.

Quadro 6.2 – Diferenças entre os métodos quantitativo e qualitativo

	Pesquisa quantitativa	Pesquisa qualitativa
Objetivo	Quantificar dados para generalizar resultados	Compreender motivações e comportamentos
Amostra	Grande	Pequena
Coleta dos dados	Estruturada	Não estruturada
Análise dos dados	Estatística	Conteúdo
Resultado	Fornece embasamento para a tomada de decisão	Fornece compreensão sobre comportamentos e decisões

Após a escolha do(s) método(s) mais adequado(s), é preciso definir a(s) técnica(s) de pesquisa que serão utilizadas durante a coleta de dados. As opções são bastante variadas e dependem do(s) método(s) escolhido(s), dos recursos e do tempo disponíveis e das preferências dos pesquisadores e dos participantes. Lembre-se: não existe "'certo" ou "errado" quando se trata de técnicas de pesquisa. Existe o que é mais apropriado para o objetivo e para o(s) público(s) considerado(s). Vejamos as opções que costumam ser utilizadas pelas empresas:

- **Entrevistas** – Permitem que temas específicos sejam aprofundados por meio de conversas individuais, de forma presencial ou remota. É recomendado que seja utilizado um roteiro com temas e perguntas-chave para guiar as entrevistas.
- **Observação** – Consiste em observar os comportamentos dos participantes presencial ou remotamente. Redes sociais e plataformas como o Google Analytics oferecem recursos que possibilitam observar e analisar os comportamentos dos usuários nesses ambientes. Esses dados podem fornecer *insights* bastante interessantes para a construção de *personas*.
- **Grupos focais** – Referem-se ao agrupamento intencional de participantes com características em comum, com o objetivo de discutir determinadas temáticas e verificar, em tempo real, comportamentos e interações. Durante os encontros – que podem ser *on-line* ou *off-line* –, há um pesquisador que conduz os debates e outro que faz anotações ou grava (em áudio ou vídeo) as reações dos participantes. Posteriormente, essas reações são analisadas e fornecem embasamento para decisões de comunicação e marketing.
- **Levantamentos (*surveys*)** – Essa técnica, como o nome já denuncia, permite coletar informações sobre um número considerável de pessoas. Formulários *on-line*, disponibilizados por plataformas como o Google Forms e o Typeform, são a

estratégia mais simples para criar e distribuir questionários contendo perguntas fechadas ou abertas. Todavia, também é possível aplicar formulários impressos presencialmente, se isso fizer mais sentido no âmbito da estratégia de pesquisa.

Perceba que cada técnica de pesquisa tem objetivos e procedimentos específicos. É possível, também, combinar diferentes técnicas numa mesma pesquisa. O que vai determinar a escolha são os fatores que vimos anteriormente e, acima de tudo, a estratégia adotada.

6.2
Análise dos ambientes interno e externo

Na segunda etapa do planejamento, o olhar continua voltado tanto para os fatores internos quanto para os fatores externos da organização. Este é o momento de analisar o posicionamento e a atuação da empresa no segmento em que ela está inserida.

Nesse sentido, há instrumentos que podem ajudar. Você, provavelmente, já ouviu falar na **matriz Swot**, não é mesmo? Cada um dos termos que compõem esse acrônimo – que, em português, é **Fola** – representa um fator interno ou externo da organização que precisa ser analisado. Vejamos quais são eles:

- **Forças** – São os pontos fortes da empresa, ou seja, os aspectos tangíveis ou intangíveis que a diferenciam da concorrência. Uma marca forte pode ser um importante diferencial, assim como produtos inovadores.

- **Oportunidades** – É importante mapear as oportunidades que existem no mercado para potencializar as forças da empresa. Pensando nos exemplos anteriores, podemos considerar as redes sociais como uma oportunidade para fortalecer ainda mais a marca. Além disso, podem ser utilizadas estratégias de comunicação para divulgar os produtos inovadores que a empresa oferece.
- **Limitações** – Assim como é importante listar as forças da organização, é fundamental pensar em seus pontos de melhoria. Nenhuma empresa é perfeita. Considerando-se isso, é preciso ser bastante honesto em relação às limitações existentes. Tendo em vista a empresa em que você atua, reflita: Existem falhas na produção ou na divulgação de produtos? A marca está bem-posicionada? Os colaboradores estão engajados?
- **Ameaças** – Levando-se em conta as limitações da empresa, quais são os fatores externos que podem ameaçá-la de alguma forma? Como exemplos, podemos citar o surgimento ou o crescimento de organizações concorrentes e a instauração de leis e decisões políticas.

A segunda etapa do planejamento envolve um exame minucioso de cada um dos fatores que acabamos de ver. Sem essa análise prévia, corre-se o risco de "andar no escuro", uma vez que as estratégias de comunicação não terão o embasamento necessário e, consequentemente, poderão não gerar os resultados esperados.

Exemplificando

Durante a pandemia de Covid-19, iniciei meu posicionamento na internet como psicólogo clínico e educacional. Passei a ser ativo em redes sociais como o Instagram e o LinkedIn, produzindo conteúdos para três *personas*. Numa análise que realizei, percebi que minha maior força na época era um método inovador que eu havia criado para ajudar jovens e adultos a desenvolver um planejamento de carreira efetivo. Paralelamente, percebi que, em razão da pandemia, havia uma maior demanda pelo serviço de orientação de carreira – que ofereço –, mas na modalidade *on-line*. Diante dessa constatação, decidi adaptar meu método para o ambiente virtual e aproveitar essa oportunidade de mercado, até mesmo porque também percebi que havia poucos psicólogos oferecendo serviços similares.

Entretanto, uma limitação que tenho é a falta de tempo. Como atendo a clientes tanto presencial quanto remotamente e atuo como professor universitário, tenho poucos horários disponíveis para atendimento. Ao mesmo tempo, percebo que vários psicólogos (no âmbito nacional) têm criado cursos *on-line* para auxiliar no desenvolvimento pessoal e profissional de milhares de pessoas. Essa é, claramente, uma ameaça para meu negócio. Se eu não me movimentar nesse sentido, posso perder espaço para a concorrência.

Então, o que pretendo fazer em breve é me adaptar ao mercado e passar a oferecer cursos de desenvolvimento pessoal e profissional. Por meio da oferta de treinamentos nessa área, conseguirei lidar com minha falta de tempo para atender a mais clientes – já que meus públicos poderão adquirir as aulas e se beneficiar de meus conhecimentos –, além de me posicionar de maneira estratégica diante da concorrência.

Perceba a importância de realizar uma análise interna e externa. Ela ajuda a **potencializar forças e gerenciar limitações**, o que contribui para que a empresa cresça de maneira planejada e efetiva. Existe, também, um outro recurso que pode ajudar no mapeamento de fatores externos que influenciam na atuação de organizações: a **matriz Pestal**. Vejamos quais são os elementos desse acrônimo:

- **Política** – Diz respeito às decisões políticas que afetam direta ou indiretamente o negócio, tais como eleições e acordos internacionais.
- **Economia** – Engloba as movimentações econômicas nacionais e internacionais. Oscilações na bolsa de valores são exemplos disso.
- **Social** – Envolve aspectos sociais que influenciam o negócio, tais como tendências comportamentais, padrões vigentes e fatores culturais.
- **Tecnologia** – Abarca criações e inovações tecnológicas recentes, considerando-se que estas podem afetar direta ou indiretamente os processos administrativos e produtivos da empresa.
- **Ambiente** – Está voltado para o meio ambiente e para as condições que ele oferece para a fabricação de produtos e para a execução de serviços. Podemos citar como exemplos as mudanças climáticas, as condições do relevo e a acessibilidade.
- **Leis** – Esse aspecto está relacionado à instauração de leis e a mudanças na legislação.

6.3
Definição de objetivos

A "mão na massa" começa efetivamente na terceira etapa. Este é o momento de analisar as informações coletadas durante a primeira e segunda etapas e, com base nisso, estabelecer objetivos de comunicação. No entanto, não basta simplesmente rascunhar objetivos. É necessário ponderar uma série de fatores antes de colocá-los no papel (ou no computador).

Para que os objetivos de comunicação sejam coerentes, eles precisam cumprir **cinco critérios**. Cada um deles corresponde a uma letra do acrônimo **Retam**. Sim, esse é outro acrônimo que foi criado para nos ajudar! Ele foi adaptado por mim com base no **método Smart** – originalmente escrito em inglês. O que eu fiz foi aportuguesá-lo. Confira a seguir o significado de cada uma das palavras que o compõem:

- **Relevância** – Os objetivos precisam ser relevantes e fazer sentido para a empresa. Para saber se cada objetivo proposto é relevante, o profissional deve fazer a si mesmo as seguintes perguntas:
    - Vale a pena alcançá-los?
    - O fato de concretizar os objetivos contribuirá para que o negócio cresça? Em que sentido?
- **Especificidade** – Quanto mais detalhes dos objetivos forem especificados, mais fácil será determinar as etapas para alcançá-los. Deve-se tentar deixá-los o mais concretos possível. Podem ser detalhados, por exemplo, aspectos como:

- tipos e formatos de conteúdos a serem produzidos;
- canais de comunicação e redes sociais a serem utilizados.

- **Temporalidade (ou duração)** – Não há objetivos sem prazo. Por isso, sempre se deve estabelecer um período final para concretizar os desejos da empresa. Sem essa informação, os objetivos ficarão "soltos" demais, o que dificultará seu alcance. É possível ser mais ou menos específico em relação a esse critério: há quem prefira definir uma data-limite para realizar os objetivos (dia, mês e ano, por exemplo), assim como há pessoas que se sentem mais à vontade determinando um período máximo para atingi-los (dias, meses ou anos, por exemplo). A decisão fica a critério do profissional.

- **Alcance** – Quanto mais realistas forem os objetivos, mais fácil será realizá-los. Objetivos mirabolantes e fantasiosos são imprecisos e, por isso, difíceis de serem concretizados. Para evitar frustrações, é necessário estabelecer propósitos que sejam, de fato, viáveis.

- **Mensuração** – Só é possível verificar se uma ação de comunicação foi efetiva se seus resultados puderem ser medidos. O último (e não menos importante) critério para a definição de objetivos é a mensuração. Sempre que um objetivo de comunicação for definido, é preciso considerar se é possível calcular seu alcance. No tópico seguinte, veremos alguns indicadores que permitem mensurar os resultados de um planejamento.

Podemos, então, sintetizar o método Retam tal como consta no quadro a seguir.

Quadro 6.3 – Síntese do método Retam

Relevância	Faz sentido?
Especificidade	Está detalhado?
Temporalidade	Tem um prazo?
Alcance	É possível?
Mensuração	Tem como medir?

Mãos à obra

Agora, que tal você exercitar o que aprendeu? Analise os exemplos de objetivos a seguir e pondere se eles seguem os critérios em questão:

1. Reposicionar a marca.
2. Aumentar o engajamento nas redes sociais.
3. Promover as ações sociais da empresa nos principais veículos de comunicação do país.

Em sua opinião, esses objetivos podem ser considerados Retam? A resposta é "não". Apesar de serem relevantes, eles não estão suficientemente detalhados, não têm prazo para serem concretizados e não são mensuráveis. Veja só o primeiro deles: Em quanto tempo esse reposicionamento ocorreria? Quais canais comunicariam a transição da marca? De que maneira poderíamos mensurar a efetividade do reposicionamento?

O segundo objetivo segue a mesma linha, visto que não especifica o que seria *engajamento* e quais seriam as redes sociais visadas. Por fim, no terceiro objetivo, não são detalhadas as ações sociais nem os principais veículos de comunicação do país. Além disso, outras ponderações importantes são: Em que momento as ações começariam a ser promovidas? Quanto tempo esse processo duraria?

Se lapidássemos os três objetivos que acabamos de ver com base nos critérios do método Retam, seria mais fácil determinar o passo a passo para alcançá-los. Lembre-se disto: num planejamento, informação é poder. Veja como poderíamos encorpar os objetivos, deixando-os mais palpáveis:

1. Reposicionar a marca em todos os canais de comunicação da empresa até o fim do semestre.
2. Aumentar o engajamento da marca no Instagram, por meio de menções, comentários e compartilhamentos, até o fim do ano vigente.
3. Promover as ações sociais da empresa que serão realizadas no próximo bimestre nos veículos de comunicação radiofônicos e televisivos de maior audiência do país.

....

Como você pôde ver, os acréscimos de informações em cada objetivo foram sinalizados por meio de sublinhados. Deixamos os objetivos mais específicos, temporais, alcançáveis e mensuráveis. Eles ficaram bem mais completos dessa forma, não é mesmo?

6.4
Estabelecimento de estratégias de comunicação

Com a definição adequada dos objetivos de comunicação, inicia-se outra fase do planejamento: o estabelecimento de estratégias. A partir de agora, relembraremos as ações de comunicação abordadas no terceiro capítulo para esclarecer como fixar um passo a passo que conduza até os resultados esperados. Para isso, continuaremos a utilizar os objetivos anteriores como exemplos.

Vamos pensar juntos: Quais estratégias poderiam ser empregadas para **reposicionar uma marca em todos os canais de comunicação da empresa**? Como há, hipoteticamente, uma diversidade de canais a serem utilizados, seria possível investir em ações de comunicação diferentes, não acha? Para as redes sociais, seria interessante empregar o marketing de conteúdo. Tomando-se essa estratégia como base, seria viável realizar uma série de postagens em imagem e vídeo para comunicar o reposicionamento da marca, por exemplo. Caso houvesse acesso a um orçamento significativo, isso viabilizaria, também, o investimento em mídias tradicionais. Nesse caso, seria possível desenvolver uma campanha de propaganda institucional integrando mídias como televisão, rádio e internet (Google e redes sociais).

Levando-se em conta o segundo objetivo – **aumentar o engajamento da marca no Instagram, por meio de menções, comentários e compartilhamentos, até o fim do ano vigente** –, poderiam ser, mais uma vez, destrinchadas ações baseadas no marketing de conteúdo. Reflita: Se esse fosse um objetivo presente no planejamento, que tipos de conteúdos poderiam suscitar mais interações? Os públicos de interesse da empresa gostam mais de consumir vídeos ou preferem postagens com imagens? Quais são os temas que mais lhes interessam?

Por fim, pensando-se no terceiro objetivo – **promover as ações sociais da empresa que serão realizadas no próximo bimestre nos veículos de comunicação radiofônicos e televisivos de maior audiência do país** –, seria válido utilizar, como principal estratégia, a assessoria de imprensa. Por meio do envio de *releases* a jornalistas das principais emissoras de televisão e rádio do país, seria possível explicar como funcionariam as ações sociais da empresa e ter abertura para a marca ser noticiada de maneira espontânea nesses veículos.

Não se esqueça de que cada caso é um caso. As soluções apontadas são exemplos de como um profissional da área pode proceder diante dos três objetivos hipotéticos mencionados anteriormente. Quando você chegar a esta etapa do planejamento, leve em conta tanto as informações coletadas durante as fases anteriores quanto as estratégias de comunicação existentes para definir as ações. Considere, também, o tempo e o orçamento disponíveis.

6.5
Avaliação de resultados

Chegamos à última etapa do planejamento de comunicação integrada. Agora, é hora de decidir como avaliar os resultados que se pretende alcançar por meio das estratégias elencadas na etapa anterior. Você se lembra da palavra *mensuração*, do **método Retam**? Pois bem, especificaremos melhor esse critério no presente tópico. Antes de adentrarmos nessa questão, é importante que você compreenda por que é necessário mensurar resultados. Uma avaliação efetiva permite:

- saber se as ações geraram os resultados esperados e contribuíram para a concretização dos objetivos estabelecidos;
- compreender os motivos que colaboraram para que as ações não tenham gerado os resultados esperados;
- realinhar estratégias para gerar os resultados esperados.

Faz sentido? A mensuração de resultados depende do que chamamos de *indicadores* (ou *métricas*). Abordaremos os mais relevantes a seguir. Para fins didáticos, eles serão divididos em dois grupos: **métricas financeiras** e **métricas de visibilidade e engajamento**.

∴ Métricas financeiras

Tais métricas permitem que seja mensurado o retorno financeiro obtido com base nas ações de comunicação. A mais relevante é o ***Return on Investment* (ROI)**, que costuma ser calculado da seguinte forma (Cordeiro, 2020):

ROI = (receita obtida – investimento / investimento) × 100

Vale ressaltar que o resultado desse cálculo será gerado em porcentagem, o que facilita o entendimento e eventuais comparações com outras ações.

Outra métrica é o **Custo por Mil Impressões (CPM)** de um conteúdo (orgânico ou patrocinado). Cada vez que um usuário visualiza determinado conteúdo produzido na internet, considera-se que foi contabilizada uma impressão. O cálculo dessa métrica é feito do seguinte modo (Cordeiro, 2020):

> **CPM = investimento / 1 000 impressões**

Essa métrica também pode ser empregada para calcular o custo para atingir mil pessoas mediante campanhas em veículos de comunicação tradicionais, como rádio e televisão. Para essas situações, o cálculo é realizado da seguinte forma (Tamanaha, 2011):

> **CPM = custo unitário da inserção / número total de pessoas atingidas × 1 000**

Por fim, há também o **Custo por Visita (CPV)**. Por meio dessa métrica, é possível saber qual foi o custo de cada visita numa *landing page*, por exemplo. Calculamos o CPV da seguinte maneira (Cordeiro, 2020):

> **CPV = total do investimento / número de visitas**

Para saber mais

TAMANAHA, P. **Planejamento de mídia**: teoria e experiência. 2. ed. São Paulo: Pearson Prentice Hall, 2011.

Dependendo do tipo de mídia, as métricas são calculadas de formas diferentes. Se você deseja aprofundar seus conhecimentos sobre a avaliação de resultados em mídias tradicionais, uma recomendação interessante é a leitura do livro *Planejamento de mídia: teoria e experiência*, de Paulo Tamanaha.

∴ Métricas de visibilidade e engajamento

Diferentemente das métricas financeiras, os indicadores de visibilidade e engajamento permitem que sejam aferidos aspectos como o alcance, as interações e a credibilidade de uma marca. Vejamos as métricas mais utilizadas:

- número de seguidores em redes sociais;
- alcance;
- curtidas em postagens;
- salvamentos de postagens;
- comentários em postagens;
- mensagens enviadas via *direct*;
- compartilhamentos de postagens;
- menções em redes sociais e na imprensa;

Métricas de visibilidade e engajamento indicam a força de uma marca em termos de reputação e autoridade.

Síntese

Neste último capítulo, verificamos como se dá o desenvolvimento de um planejamento de comunicação integrada. Todos os temas vistos ao longo da obra foram relembrados para esclarecer como estabelecer estratégias de comunicação capazes de gerar resultados efetivos.

A primeira etapa do planejamento consiste em esboçar o posicionamento estratégico (missão, visão e valores) e os públicos de interesse da organização. Para isso, foram abordados métodos e técnicas de pesquisa que auxiliam na coleta de informações. Na segunda etapa do planejamento, ocorre a análise de aspectos internos e externos que afetam o andamento do negócio. Destacamos dois recursos que propiciam essa análise: as matrizes Swot, ou Fola, e Pestal.

As informações obtidas durante a primeira e segunda etapas embasam a definição dos objetivos de comunicação que se deseja concretizar. Essa é, portanto, a terceira etapa do planejamento. Com a adequada definição dos objetivos, inicia-se a fase correspondente ao estabelecimento de estratégias de comunicação que possibilitarão o alcance de resultados. Por fim, a quinta etapa consiste na avaliação dos resultados. É nesse momento que devem ser escolhidas as métricas que indicarão se as ações foram efetivas ou não.

Questões para revisão

1. Explique a diferença entre públicos de interesse e *personas*.

2. Cite e explique quais critérios devem ser considerados durante a definição dos objetivos de comunicação.

3. Para conhecer e compreender os públicos de interesse de uma organização, é recomendada a realização de pesquisas. No que diz respeito aos métodos disponíveis, analise as afirmativas a seguir.

    I) O método quantitativo permite a compreensão das motivações dos participantes. Em razão disso, são selecionadas amostras pequenas.

    II) Pesquisas qualitativas costumam envolver amostras numerosas, o que possibilita a quantificação de dados e a generalização de resultados.

    III) Os métodos quantitativo e qualitativo podem ser combinados numa mesma pesquisa.

    Assinale a alternativa que apresenta a(s) afirmativa(s) correta(s):

    a) A afirmativa I, apenas.
    b) A afirmativa III, apenas.
    c) As afirmativas I e III, apenas.
    d) As afirmativas II e III, apenas.
    e) Todas as afirmativas estão corretas.

4. Associe as técnicas de pesquisa a seguir com as respectivas descrições.

( ) Entrevista
( ) Observação
( ) Grupo focal
( ) Levantamento

1) Pode envolver o monitoramento de comportamentos dos consumidores em *sites* e redes sociais.
2) Essa técnica costuma ser realizada com amostras numerosas.
3) Emprega roteiros com tópicos a serem abordados em conversas individuais.
4) Permite promover discussões e verificar as interações dos participantes.

Agora, assinale a alternativa que apresenta a sequência correta:

a) 4, 1, 3, 2.
b) 3, 4, 1, 2.
c) 3, 1, 4, 2.
d) 2, 1, 4, 3.
e) 1, 3, 2, 4.

5. Considerando as etapas do desenvolvimento de um planejamento de comunicação integrada, analise as afirmativas a seguir e marque com V as verdadeiras e com F as falsas.
 ( ) A missão é a razão de ser da organização, ao passo que os valores são os objetivos que ela pretende alcançar a curto, médio e longo prazo.

( ) Para que os públicos de uma empresa sejam conhecidos, é importante levantar informações referentes ao perfil socioeconômico, às dores e às necessidades, aos hábitos de consumo e aos fatores de sucesso.

( ) O ideal é que cada grupo de consumidores da empresa seja representado por uma *persona*.

( ) Durante a análise de aspectos internos, são levantados os fatores políticos, sociais e econômicos que afetam as ações da organização.

( ) O CPM (Custo por Mil Impressões) é considerado uma métrica financeira.

Agora, assinale a alternativa que apresenta a sequência correta:

a) F, F, V, V, V.
b) V, V, F, F, V.
c) F, V, F, F, V.
d) F, V, V, F, V.
e) F, F, V, F, V.

Questão para reflexão

1. Com base no que você aprendeu neste capítulo, desenvolva um planejamento de comunicação integrada para a empresa em que você atua. Não se esqueça de contemplar as cinco etapas abordadas.

Estudo de caso

Em 2018, chegou a Curitiba (PR) uma empresa que prometia revolucionar a maneira como os moradores da cidade tomavam café. Inspirada em cafeterias japonesas, a The Coffee segue o modelo *to go*: os clientes fazem o pedido por meio de um *tablet* e recebem a bebida para consumirem em outro local (The Coffee, 2023b). A primeira loja da capital paranaense tem cerca de três metros quadrados (Schiochet, 2018), sendo que o espaço é ocupado por, no máximo, dois baristas. Desde então, o modelo de negócio da The Coffee tem se mostrado rentável e inovador, tanto que a empresa está expandindo a marca por meio de franquias ao redor do Brasil e do mundo. Ela já está presente em metrópoles como Paris, Lisboa, Madri e Lima (The Coffee, 2023a).

A evolução da marca pode ser analisada sob vários vieses. O primeiro diz respeito às estratégias da empresa para **adaptar-se ao mercado e ao comportamento dos consumidores**. Apesar de o modelo *to go* possibilitar a retirada rápida de cafés nas lojas, em Curitiba a The Coffee instaurou uma **tendência**: em vez de retirarem as bebidas para consumirem durante a locomoção, os clientes optam por permanecer na calçada, em frente às lojas (muitas vezes, interagindo com os próprios baristas e com outros clientes). Por perceber esse comportamento, a empresa passou a projetar lojas maiores, com espaço para os consumidores permanecerem nos locais.

Além disso, com o intuito de se diferenciar da concorrência cada vez mais acirrada – já que novas cafeterias têm adotado o modelo *to go* ao redor do Brasil –, a marca passou a investir no **licenciamento de produtos**. Assim, quem vai até as lojas da The Coffee pode adquirir produtos *perso*nalizados, como canecas, *tumblers*, filtros de papel, sacolas e até guarda-chuvas.

O segundo viés envolve as ações para promover e fortalecer a marca. Por meio de uma análise dos canais de comunicação da The Coffee, podemos perceber que as estratégias envolvem, basicamente, o **marketing de conteúdo e de influência**. Tanto no LinkedIn (www.linkedin.com/company/the-coffee-jpwww.linkedin.com/company/the-coffee-jp) quanto no Instagram (@thecoffe.jp), há postagens sobre a história e sobre os processos internos da empresa relacionados à seleção de colaboradores e baristas. No LinkedIn, isso pode ser considerado um diferencial, visto que os candidatos a vagas têm acesso a diversas postagens sobre a cultura e os valores da The Coffee. A empresa é bastante transparente em relação a seu posicionamento estratégico.

Entre os conteúdos produzidos para as redes sociais, o **formato audiovisual** é preponderante: há vários vídeos com uma linguagem atrativa e dinâmica sobre a origem dos produtos alimentícios da empresa e sobre curiosidades relacionadas a eles. Em um vídeo de 2023, por exemplo, um influenciador local é convidado a experimentar uma nova bebida desenvolvida pela marca. Estratégias como essa costumam ser efetivas, uma vez que geram curiosidade nos seguidores tanto da marca quanto do influenciador convidado, despertando interesse e promovendo conexão emocional.

De maneira geral, o engajamento das redes sociais da The Coffee é bastante relevante: o número de curtidas, comentários e compartilhamentos (em *stories* do Instagram) costuma ser alto, o que revela um trabalho adequado da empresa nesse sentido. Constantemente, a marca é citada em matérias e reportagens jornalísticas como *case* de sucesso em termos de inovação e humanização também. Vale a pena conhecer melhor a empresa (e tomar um cafezinho!).

Considerações finais

Vivemos num mundo cada vez mais midiatizado e globalizado. A democratização do acesso à internet abriu as portas para que passássemos a ter experiências de consumo diferenciadas e integradas. Estamos a todo momento nos movendo entre o *on-line* e o *off-line*. Ao mesmo tempo que interagimos presencialmente, voltamos nossos olhos para curtidas e comentários em redes sociais. Enquanto assistimos a programas de TV, filmes e séries, temos a possibilidade de adquirir produtos associados em *e-commerces* e *e-marketplaces*. Somos, simultaneamente, leitores e produtores de conteúdo.

Num cenário em que indivíduos se relacionam e consomem por meio de tecnologias digitais, a comunicação entre as marcas e os públicos de interesse tem se complexificado. Foi-se o tempo em que, para atrair o interesse dos consumidores, as organizações contavam apenas com mídias tradicionais, como rádio e televisão. Hoje, é possível tanto interagir em tempo real com os públicos em redes sociais quanto produzir conteúdos em parceria com eles. Empresas e consumidores têm se relacionado de maneira horizontal, na maioria das vezes, já que as informações estão descentralizadas e à disposição de quem tem acesso à internet. Ademais, os conteúdos fluem, de forma integrada, entre diferentes canais. O resultado disso é uma comunicação cada vez mais multidirecional e democrática.

Na presente obra, discutimos as implicações da comunicação praticada pelas organizações nesse cenário em que pessoas e mídias se misturam. Como defende o teórico Mark Deuze (2012), nossas vidas têm acontecido dentro das mídias, não é mesmo? Considerando essa premissa, analisamos, primeiramente, como chegamos até aqui. Desde a criação da prensa móvel, o fluxo de informações nas sociedades tem se alterado significativamente até desembocar na midiatização como processo no qual hábitos e aspectos culturais são modificados por meio do uso frequente de tecnologias digitais. Ao mesmo tempo que criamos mídias para servir aos nossos interesses, somos significativamente modificados por seu uso.

Num segundo momento, examinamos o papel da comunicação organizacional nesse contexto. Verificamos que, por meio dela, é possível integrar diferentes estratégias para atingir os variados públicos de uma empresa. Cada esfera comunicacional e cada ação visa atingir objetivos específicos, que envolvem desde a obtenção de recursos financeiros até a construção de autoridade e reputação.

Diante disso, refletimos sobre estratégias que contribuem para o aumento da visibilidade de marcas, como a assessoria de imprensa. Ao longo de nosso estudo, vimos que a atividade profissional em questão tem se adequado ao momento histórico em que vivemos. Hoje, o assessor de imprensa não só gerencia o relacionamento com jornalistas e formadores de opinião como também é responsável por produzir conteúdos para diferentes canais da organização em que atua. Além disso, a assessoria de imprensa tem se desmembrado em vertentes cada vez mais especializadas, como a assessoria de celebridades e influenciadores, por exemplo.

Também abordamos estratégias sobre as quais muito se tem falado e pesquisado atualmente, tais como o marketing de conteúdo e o marketing de influência. Ambas as ações, vale ressaltar, estão centradas na criação e na distribuição de conteúdo relevante para os públicos de interesse de organizações. Elas aproximam, portanto, as marcas dos consumidores, contribuindo para que a relação construída entre eles seja mais igualitária e colaborativa.

De maneira descomplicada e prática, apresentamos informações atualizadas e oferecemos os recursos necessários para que você atue como um(a) assessor(a) de comunicação estratégico(a), capaz de analisar o mercado e, com base nisso, planejar e executar ações de forma integrada para concretizar objetivos que contribuam para o crescimento de organizações dos mais variados portes e segmentos. Por meio dessa leitura, você também aprendeu como atuar em situações que demandem ações rápidas e efetivas, como no caso de crises de imagem.

É fundamental que você nutra um olhar crítico e curioso em relação a tudo o que aprendeu até aqui e ao que ainda vai aprender em sua trajetória acadêmica e profissional. A comunicação se reconfigura a todo momento e exige que estejamos constantemente atualizados e instrumentalizados para entregar resultados e gerar valor para as organizações.

Boa sorte!

Referências

AAKER, J. L. Dimensions of Brand Personality. **Journal of Marketing Research**, n. 34, p. 347-357, 1997.

ADIDAS. **About Profile**. Disponível em: <https://www.adidas-group.com/en/about/profile/>. Acesso em: 23 mar. 2023.

ALVES, A. C. Gestão de crises: o que podemos aprender com o caso Carrefour. **Administradores**, 5 dez. 2018. Disponível em: <https://administradores.com.br/artigos/caso-carrefour-por-que-as-empresas-brasileiras-nao-estao-prontas-para-gestao-de-crise>. Acesso em: 15 mar. 2023.

ALVES, A. C. Mais uma crise do Carrefour: por quantas crises de imagem uma marca consegue passar? **Administradores**, 21 ago. 2020. Disponível em: <https://administradores.com.br/artigos/mais-uma-crise-do-carrefour-por-quantas-crises-de-imagem-uma-marca-consegue-passar>. Acesso em: 15 mar. 2023.

ALVES, S. Ação do Duolingo cria "a maior notificação push do mundo" projetada em prédios de SP. **B9**, 7 jun. 2021. Disponível em: <https://www.b9.com.br/145195/acao-do-duolingo-cria-a-maior-notificacao-push-do-mundo-projetada-em-predios-de-sp/>. Acesso em: 15 mar. 2023.

CARREFOUR BRASIL. Nota de esclarecimento sobre o caso da Loja Osasco – SP. **Facebook**, 4 dez. 2018. Disponível em: <https://www.facebook.com/CarrefourBR/photos/2003600299677559>. Acesso em: 15 mar. 2023.

CARREFOUR diz que 20 de novembro foi o dia mais triste de sua história, e presidente global ordena revisão de treinamento dos funcionários. **G1**, 21 nov. 2020. Disponível em: <https://g1.globo.com/economia/noticia/2020/11/21/apos-morte-de-joao-alberto-presidente-do-carrefour-pede-que-rede-no-brasil-revise-treinamentos-de-seguranca>.ghtml. Acesso em: 15 mar. 2023.

CASTILHO, C.; FIALHO, F. O jornalismo ingressa na era da produção colaborativa de notícias. In: RODRIGUES, C. (Org.). **Jornalismo on-line**: modos de fazer. Rio de Janeiro: PUC-Rio; Sulina, 2009. p. 119-146.

CHIAVENATO, I. **Administração de empresas**: uma abordagem contingencial. São Paulo: McGraw-Hill, 1982.

CHINEM, R. **Assessoria de imprensa**: como fazer. 3. ed. São Paulo: Summus, 2003.

COBRA, M. **Administração de marketing no Brasil**. 3. ed. Rio de Janeiro: Elsevier, 2009.

COCA-COLA BRASIL. **Princípios e valores**. Disponível em: <https://www.cocacolabrasil.com.br/sobre-a-coca-cola-brasil/principios-e-valores>. Acesso em: 4 set. 2022.

CONAR – Conselho Nacional de Autorregulamentação Publicitária. **Guia de publicidade por influenciadores digitais**: 2021. São Paulo, 2021. Disponível em: <http://conar.org.br/pdf/CONAR_Guia-de-Publicidade-Influenciadores_2021-03-11.pdf>. Acesso em: 29 mar. 2023.

CORDEIRO, M. O que é ROI? Descubra se seus investimentos estão valendo a pena calculando o Retorno Sobre o Investimento. **Rock Content**, 16 mar. 2020. Disponível em: <https://rockcontent.com/br/blog/roi/>. Acesso em: 15 mar. 2023.

COSTA, J. **Imagem corporativa en el siglo XXI**. Buenos Aires: La Crujía Ediciones, 2001.

COULDRY, N.; HEPP, A. **The Mediated Construction of Reality**. Cambridge: Polity Press, 2016.

CURITIDOCE. **Sobre – Curitidoce**. Disponível em: <https://curitidoce.com.br/curitidoce/>. Acesso em: 15 mar. 2023.

DE CARONA NA CARREIRA: 098. Reposicionamento de imagem e superação – Karol Conká. [Locução de]: Thaís Roque. **Spotify**, 4 ago. 2022. Podcast. Disponível em: <https://open.spotify.com/episode/5KjAqYD32o8EiU8G9Zvvd0>. Acesso em: 15 mar. 2023.

DEUZE, M. **Media Life**. Cambridge: Polity Press, 2012.

DUARTE, J. Assessoria de imprensa no Brasil. In: DUARTE, J. (Org.). **Assessoria de imprensa e relacionamento com a mídia**: teoria e técnica. 4. ed. São Paulo: Atlas, 2011. p. 51-76.

FENAJ – Federação Nacional dos Jornalistas. **Código de Ética dos Jornalistas Brasileiros**. 2007. Disponível em: <https://fenaj.org.br/wp-content/uploads/2014/06/04-codigo_de_etica_dos_jornalistas_brasileiros.pdf>. Acesso em: 15 mar. 2023.

FERRARETTO, E. K.; FERRARETTO, L. A. **Assessoria de imprensa**: teoria e prática. 5. ed. São Paulo: Summus, 2009.

GONÇALVES, A. S.; ALMEIDA, B. T. P de; OLIVEIRA, J. D. L. A comunicação institucional do governo militar: a Assessoria Especial de Relações Públicas e a Revista Manchete. In: INTERCOM – CONGRESSO DE CIÊNCIAS DA COMUNICAÇÃO NA REGIÃO SUL, 12., 2011, Londrina.

GRACIOSO, F. **Propaganda institucional**: uma nova arma estratégica da empresa. São Paulo: Atlas, 1995.

HARTLEY, J. Communicational Democracy in a Redactional Society. **Journalism**, v. 1, n. 1, p. 39-47, 2000.

HEPP, A. **Cultures of Mediatization**. Cambridge: Polity Press, 2013.

JENKINS, H. **Cultura da convergência**. São Paulo: Aleph, 2008.

JOHN DEREE. **The Furrow**. Disponível em: <https://www.deere.com/en/publications/the-furrow/>. Acesso em: 15 mar. 2023.

KOTLER, P.; KARTAJAYA, H.; SETIAWAN, I. **Marketing 4.0**. Rio de Janeiro: Sextante, 2017.

KOTLER, P.; KELLER, K. L. **Administração de marketing**. 15. ed. São Paulo: Pearson Education do Brasil, 2018.

KUNSCH, M. M. K. **Planejamento de relações públicas na comunicação integrada**. São Paulo: Summus, 2003.

KUNSCH, M. M. K. **Relações públicas e modernidade**: novos paradigmas na comunicação organizacional. São Paulo: Summus, 1997.

LIMA, G. M. **Releasemania**: uma contribuição para o estudo do press-release no Brasil. São Paulo: Summus, 1985.

MAFEI, M. **Assessoria de imprensa**: como se relacionar com a mídia. 4. ed. São Paulo: Contexto, 2012.

MAGAZINE LUIZA. **Nossa estratégia**. Disponível em: <https://ri.magazineluiza.com.br/ShowCanal/Nossa-Estrategia?=LZKRKYC4fKjk6oPPJL7+xw==>. Acesso em: 15 mar. 2023.

MARCOVITCH, J. **Contribuição ao estudo da eficácia organizacional**. Tese (Doutorado em Administração) – Universidade de São Paulo, São Paulo, 1972.

MARTINS, M. R.; VANZ, S. A. de S. Construção de personas: mapeamento de estudos e métodos. In: MARTINS, A. T. (Org.). **Trajetórias de pesquisa em comunicação**: temas, heurísticas, objetos. São Paulo: Pimenta Cultural, 2021. p. 225-238.

MATTOS, A. M. **Organização**: uma visão global – introdução-ciência-arte. 2. ed. Rio de Janeiro: FGV, 1978.

McGARRY, K. **O contexto dinâmico da informação**. Brasília: Briquet de Lemos, 1999.

MENDES, S. **As sutilezas e o óbvio da comunicação corporativa**. Curitiba: InVerso, 2014.

MERIGO, C. Nike comemora 50 anos confrontando a força do passado com as promessas do futuro. **B9**, 17 maio 2022. Disponível em: <https://www.b9.com.br/158603/nike-comemora-50-anos-confrontando-a-forca-do-passado-com-as-promessas-do-futuro/>. Acesso em: 15 mar. 2023.

MOROZ, R. Crise de influência digital: e agora? **A Redação**, 24 fev. 2021. Disponível em: <https://aredacao.com.br/artigos/146976/crise-de-influencia-digital-e-agora>. Acesso em: 15 mar. 2023.

MURARO, C. Jout Jout faz o livro infantil 'A parte que falta' ficar em primeiro entre os mais vendidos no Brasil. **G1**, 23 fev. 2018. Disponível em: <https://g1.globo.com/pop-arte/noticia/jout-jout-faz-o-livro-infantil-a-parte-que-falta-ficar-em-primeiro-entre-os-mais-vendidos-no-brasil.ghtml>. Acesso em: 15 mar. 2023.

NETFLIX. Disponível em: <https://about.netflix.com/pt_br>. Acesso em: 15 mar. 2023.

NETFLIX JOBS. **Netflix Culture – Seeking Excellence**. Disponível em: <https://jobs.netflix.com/culture>. Acesso em: 15 mar. 2023.

NEVES, M. 'A dona do pedaço': perfil da 'Influencer' Vivi Guedes une ficção e realidade e ruma ao 1º milhão. **G1**, 9 ago. 2019. Disponível em: <https://g1.globo.com/pop-arte/noticia/2019/08/09/a-dona-do-pedaco-perfil-da-influencer-vivi-guedes-une-ficcao-e-realidade-e-ruma-ao-1o-milhao.ghtml>. Acesso em: 15 mar. 2023.

NOVELA do SBT terá spin-off no Kwai. **Meio & Mensagem**, 29 ago. 2022. Disponível em: <https://www.meioemensagem.com.br/home/midia/2022/08/29/novela-do-sbt-tera-spin-off-no-kwai.html>. Acesso em: 15 mar. 2023.

PALÁCIOS, M. Ruptura, continuidade e potencialização no jornalismo on-line: o lugar da memória. In: MACHADO, E.; PALÁCIOS, M. (Org.). **Modelos de jornalismo digital**. Salvador: Calandra; Edições GJOL, 2003. p. 13-36.

PASTORE, C. M. de A. **Gestão de marcas**. Curitiba: InterSaberes, 2018.

PEREIRA, M. J. L. B. **Mudanças nas instituições**. São Paulo: Nobel, 1988.

PULIZZI, J. **Marketing de conteúdo épico**: como contar uma história diferente, destacar-se na multidão e conquistar mais clientes com menos marketing. São Paulo: DVS, 2016.

REGO, F. G. T. do. **Jornalismo empresarial**. 2. ed. São Paulo: Summus, 1987.

RIEL, C. B. M van. **Principles of Corporate Communication**. Hemel Hempstead: Prentice Hall, 1995.

ROSA, M. O assassinato bárbaro no Carrefour sob a ótica de uma crise empresarial. **Exame**, 24 nov. 2020. Disponível em: <https://exame.com/colunistas/mario-rosa/o-assassinato-barbaro-no-carrefour-sob-a-otica-de-uma-crise-empresarial/>. Acesso em: 15 mar. 2023.

ROSENFIELD, D. L. A mídia e a democracia. In: Paper apresentado à Concentração na Mídia. **Debates no Conselho de Comunicação Social**. Brasília: Congresso Nacional, 2004.

SCHIOCHET, F. Rua no Centro concentra 10 restaurantes, bares e cafés em uma quadra. **Gazeta do Povo**, 4 jul. 2018. Disponível em: <https://www.gazetadopovo.com.br/bomgourmet/restaurantes/restaurantes-alameda-prudente-de-morais-curitiba/>. Acesso em: 29 mar. 2023.

SOLOMON, M. R. **O comportamento do consumidor**: comprando, possuindo e sendo. 11. ed. Porto Alegre: Bookman, 2016.

TAMANAHA, P. **Planejamento de mídia**: teoria e experiência. 2. ed. São Paulo: Pearson Prentice Hall, 2011.

TERRA, C. F. **Marcas influenciadoras digitais**: como transformar organizações em produtoras de conteúdo digital. São Caetano do Sul: Difusão, 2021.

THE COFFEE. **Menu/Locais/Horários**. Disponível em: <https://thecoffee.jp/shortcut/menu-locations-hours>. Acesso em: 15 mar. 2023a.

THE COFFEE. **Sobre nós**. Disponível em: <https://thecoffee.jp/aboutus>. Acesso em: 15 mar. 2023b.

WILLIAMSON, D. A. Como as marcas podem usar influenciadores. **Meio & Mensagem**, 4 mar. 2016. Disponível em: <http://www.meioemensagem.com.br/home/marketing/2016/03/04/como-as-marcas-podem-usar-influenciadores.html#ixzz43H935vzW>. Acesso em: 15 mar. 2023.

WOLF, G. Netflix estreia no e-commerce com produtos de filmes e séries. **CNN Brasil**, 12 jun. 2021. Disponível em: <https://www.cnnbrasil.com.br/economia/netflix-estreia-no-e-commerce-com-produtos-de-filmes-e-series/#:~:text=Uma%20das%20maiores%20empresas%20de,est%C3%A1%20recebendo%20compras%20nos%-20EUA>. Acesso em: 29 mar. 2023.

ZORZI, A. C. Quem é Felipe Neto? Relembre a trajetória e polêmicas do youtuber. **Estadão**, 10 set. 2019. Disponível em: <https://emais.estadao.com.br/noticias/gente,quem-e-felipe-neto-relembre-trajetoria-e-polemicas-do-youtuber,70003004926>. Acesso em: 15 mar. 2023.

Respostas

Capítulo 1

Questões para revisão

1. Espera-se que o(a) aluno(a) explique que a convergência multimidiática é um processo no qual conteúdos fluem entre diferentes mídias e canais de comunicação. O propósito dessa prática é proporcionar experiências de consumo e de entretenimento mais significativas.
2. No contexto da midiatização, a imprensa é responsável por selecionar fatos de acordo com critérios jornalísticos, apurar informações e divulgar notícias de interesse público. Dessa forma, ela garante a relevância e a veracidade das informações que são transmitidas para a população.
3. c
   Apenas a segunda afirmação é falsa. Na verdade, o fluxo de informações passou a ser multidirecional com a democratização do uso da internet.
4. b
   Apenas a terceira afirmativa é falsa. De acordo com os conteúdos apresentados no capítulo – especialmente os que dizem respeito aos preceitos do teórico Mark Deuze (2012) –, não há fronteiras entre as esferas *on-line* e *off-line*. Elas estão misturadas e são indivisíveis.
5. d
   As afirmativas I e II são verdadeiras, e a II justifica a I.

Questão para reflexão

1. Espera-se que o(a) aluno(a) realize sua análise levando em consideração as características da convergência multimidiática como processo comunicacional.

Capítulo 2

Questões para revisão

1. A identidade corporativa engloba a personalidade, a missão, os valores e a história de uma organização. Já a imagem corporativa é composta de percepções, deduções, projeções, experiências, emoções e sensações dos públicos de interesse da organização.
2. A comunicação administrativa é responsável por viabilizar o funcionamento da organização por meio da comunicação de processos e fluxos administrativos. Cabe à comunicação mercadológica contribuir para a obtenção de recursos financeiros mediante a divulgação de produtos ou serviços. Tanto a comunicação institucional quanto a comunicação interna visam colaborar para a construção da imagem e da reputação da organização. A diferença é que a primeira atinge os públicos de interesse externos da empresa, ao passo que a segunda alcança os públicos internos.
3. e
   A primeira afirmação é falsa, pois organizações englobam qualquer tipo de agrupamento de pessoas com objetivos específicos, tais como instituições, associações e órgãos públicos. A última afirmativa também é falsa: na verdade, a política e o meio ambiente são exemplos de fatores externos que podem influenciar uma organização.
4. b
   Apenas a última afirmativa está incorreta, pois o composto da comunicação organizacional abarca duas esferas comunicacionais além das que foram citadas: a comunicação administrativa e a comunicação interna.

5. c

Na verdade, o jetom é que consistia no fornecimento de um complemento salarial a jornalistas que favorecessem, em suas reportagens, instituições públicas. O jabaculê era um presente especial entregue por fontes jornalísticas.

Questão para reflexão

1. Espera-se que o(a) aluno(a) realize sua análise levando em consideração o uso integrado de estratégias de comunicação administrativa, mercadológica, institucional e interna.

Capítulo 3

Questões para revisão

1. Espera-se que o(a) aluno(a) cite e caracterize duas das seguintes estratégias: marketing direto, *merchandising, product placement*, publicidade e marketing de influência.
2. Espera-se que o(a) aluno(a) cite e caracterize duas das seguintes estratégias: propaganda institucional, relações públicas, marketing de conteúdo e *buzz* marketing.
3. c

A primeira afirmativa é falsa, pois há uma diferença no que tange ao objetivo das duas estratégias: a propaganda realmente visa à construção de uma reputação positiva em relação à organização, mas a publicidade objetiva a obtenção de retorno financeiro por meio da aquisição de produtos ou serviços por parte dos consumidores. A segunda afirmativa também é falsa, pois o marketing de conteúdo envolve a produção e a divulgação de conteúdos relevantes tanto no ambiente *on-line* quanto no *off-line*.
4. e

Todas as afirmativas estão corretas.
5. d

As afirmativas I e II são verdadeiras, e a II justifica a I.

Questão para reflexão

1. Espera-se que o(a) aluno(a) realize sua análise levando em consideração as especificidades e os objetivos das estratégias de comunicação mercadológica e de comunicação institucional.

Capítulo 4

Questões para revisão

1. Espera-se que o(a) aluno(a) explique que a assessoria de imprensa consiste na gestão do relacionamento e do fluxo de informações entre as organizações e os veículos de comunicação. A estratégia em questão contribui para que as empresas alcancem visibilidade por meio da exposição na imprensa, o que colabora para a construção de uma reputação positiva e de autoridade.
2. Espera-se que o(a) aluno(a) cite e explique dois dos seguintes instrumentos: *release*, *press kit*, *mailing* e *clipping*.
3. c

   Apenas a segunda afirmativa é falsa. O *follow up* é uma atividade que precisa ser realizada por assessores de imprensa, já que garante o bom andamento do processo de produção de uma matéria ou de uma reportagem.
4. a

   O *release* contém as informações mais importantes sobre um fato relevante ligado à empresa; o *press kit* pode incluir produtos ou amostras de produtos entregues para jornalistas; a clipagem embasa a análise dos resultados alcançados por meio da assessoria de imprensa; o *media training* destina-se a porta-vozes da organização; por meio de uma entrevista coletiva, jornalistas têm a oportunidade de esclarecer, durante um período e num local específico, dúvidas sobre determinado fato relacionado à organização.

5. d

A primeira afirmativa é falsa, pois é justamente o contrário: a imprensa costuma acionar o assessor para obter informações e posicionamentos por parte do gestor público. A última afirmativa também é falsa, pois a imagem de *influencers* precisa ser construída tanto na esfera *on-line* quanto na esfera *off-line*, por meio do estabelecimento de relacionamento com jornalistas para fins de exposição em veículos de comunicação tradicionais.

Questão para reflexão

1. Espera-se que o(a) aluno(a) realize sua análise levando em consideração as características da assessoria de imprensa como estratégia de comunicação institucional.

Capítulo 5

Questões para revisão

1. Espera-se que o(a) aluno(a) cite e exemplifique duas das seguintes situações: investigações públicas, acidentes com danos a pessoas, operações de fusão ou de aquisição, produtos adulterados, falsificados ou com defeitos graves e envolvimento de gestores ou diretores em casos de corrupção.
2. Espera-se que o(a) aluno(a) cite e caracterize duas das seguintes estratégias: criação de comitês de gestão de crises, monitoramento de reações dos consumidores, responsabilização pelo erro cometido e adesão a causas relevantes.
3. c

A primeira afirmativa é falsa, pois comitês devem ser criados antes que crises ocorram, já que seu objetivo é mapear e analisar situações que possam comprometer a reputação e a imagem da organização.

4. b
A afirmativa III está incorreta. É fundamental realizar ações específicas com os colaboradores, fornecedores e parceiros da empresa, visto que eles são a força motriz dela.
5. d
As afirmativas I e II são verdadeiras, e a II justifica a I.

Questão para reflexão

1. Espera-se que o(a) aluno(a) realize sua análise levando em consideração as especificidades e os objetivos das estratégias de gestão de crises de imagem vistas no capítulo.

Capítulo 6

Questões para revisão

1. Espera-se que o(a) aluno(a) explique que, enquanto os públicos de interesse abarcam grupos de consumidores com características em comum – sendo, portanto, mais amplos –, as *personas* são personagens fictícios que representam cada um desses grupos de consumidores – sendo mais específicos.
2. Espera-se que o(a) aluno(a) cite e explique os critérios sinalizados no método Retam: relevância; especificidade; temporalidade; alcance; mensuração.
3. b
As afirmativas I e II são falsas. Na verdade, é o método qualitativo que possibilita a compreensão das motivações dos participantes e emprega amostras pequenas. Por sua vez, o método quantitativo, por empregar amostras numerosas, permite a quantificação de dados e a generalização de resultados.

4. c

A entrevista emprega roteiros com tópicos a serem abordados em conversas individuais; a observação pode envolver o monitoramento de comportamentos dos consumidores em *sites* e redes sociais; o grupo focal permite promover discussões e verificar as interações dos participantes; o levantamento costuma ser realizado com amostras numerosas.

5. d

A primeira afirmativa é falsa, pois valores são princípios que pautam as decisões organizacionais. A penúltima afirmativa também é falsa, pois é durante a análise externa que são levantados os fatores políticos, sociais e econômicos que influenciam as ações da empresa.

Questão para reflexão

1. Espera-se que o(a) aluno(a) desenvolva um planejamento levando em conta as cinco etapas abordadas no capítulo: (1) posicionamento estratégico; (2) análise interna e externa; (3) definição de objetivos de comunicação; (4) estabelecimento de estratégias; e (5) análise de resultados.

Sobre o autor

Raphael Moroz Teixeira é bacharel em Comunicação Social – Jornalismo (2010) e em Psicologia (2016) pela Universidade Positivo (UP). Tem especialização em Cinema (2012) pela Universidade Tuiuti do Paraná (UTP), em Gestão da Comunicação Organizacional (2017) pela FAE Business School e em Metodologia do Ensino na Educação Superior (2020), Psicologia Clínica: Terapia Cognitivo-Comportamental (2022) e Formação Docente para Ensino a Distância (EaD) (2023) pelo Centro Universitário Internacional Uninter. É mestre em Comunicação e Linguagens, na linha de pesquisa Processos Mediáticos e Práticas Comunicacionais (2020), pela UTP e membro do grupo de pesquisa Interações Comunicacionais, Imagens e Culturas Digitais (Incom), da mesma instituição. Realiza pesquisas acadêmicas sobre os seguintes temas: midiatização, jornalismo, marketing, comunicação organizacional, assessoria de comunicação e influência digital.

Como comunicador, tem experiência de mais de 14 anos em tele e radiojornalismo, em jornalismo impresso e digital, em cinema, em marketing, em comunicação organizacional e em produção editorial. Como psicólogo, tem experiência em psicologia clínica e educacional e em orientação profissional e de carreira. Como professor, ministra aulas para cursos técnicos e de graduação e pós-graduação nas modalidades presencial, semipresencial e a distância (EaD). Além disso, elaborou materiais didáticos para instituições de ensino como a Uniandrade, a Faculdade Herrero e o Grupo Educacional Uninter.

É autor dos livros *Algemadas: a trajetória de mães que adoeceram com a dependência química dos filhos* (Editora Íthala), *Expressão oral: como se comunicar bem em diferentes contextos* (Editora InterSaberes), *Fundamentos da neuropsicopedagogia* (Editora Contentus) e *Tecnologia, convergência e colaboração: o relacionamento entre assessores de comunicação e jornalistas no contexto da midiatização* (Editora Appris). Foi um dos idealizadores do Follow Up Curitiba, o primeiro evento destinado a profissionais de comunicação organizacional da cidade. Atualmente, trabalha como professor titular no Centro Universitário Internacional Uninter e como psicólogo na DOM Clínica Terapêutica. Ministra palestras sobre temas ligados ao marketing, à comunicação organizacional e à psicologia.

E-mail: raphaelmoroz@gmail.com
LinkedIn: www.linkedin.com/in/raphaelmoroz
Instagram e TikTok: @psi.raphaelmoroz
YouTube: www.youtube.com/raphaelmoroz

Impressão:
Agosto/2023